ボーっと生きてんじゃねーよ!

素朴なギモン
12か月

チコちゃんに叱《しか》られる 3

Don't sleep through life!

NHK「チコちゃんに叱られる!」制作班[編]

チコちゃんに叱《しか》られる3 素朴なギモン12か月 目次

Don't sleep through life!

Chico
Chico
Chico
Chico

Chico

チコちゃんに叱《しか》られる

Don't sleep through life!

とは?

「チコちゃんに叱られる！」は、
NHK 総合テレビで放送されているバラエティ番組です。
好奇心旺盛でなんでも知っている５歳の女の子・チコちゃんが、
素敵な大人たちに素朴な疑問を投げかけます。
うまく答えられないと、チコちゃんに
「ボーっと生きてんじゃねーよ！」と叱られてしまいます。

◆キョエちゃん

視聴者からのお便りコーナー「ひだまりの縁側で…」で、お便りをくわえている江戸川の黒い鳥。たぶんカラス。

◆チコちゃん

- 年齢：永遠の５歳
- 住所：東京の高級住宅街・港区白金《しろかね》
- 好きな食べもの：あらびきウインナー
- 好みのタイプ：メジャーリーグ、タンパベイ・レイズの筒香嘉智《つつごうよしとも》選手

この本の読み方

いよいよ問題が始まるわよ！　あなたに答えられるかしら？

この本では、一年のそれぞれの月に関連する疑問を１月から順番に掲載しています。テーマごとに「問題と答え・解説」という構成ですが、問題ページを見たらすぐにめくらずに、少しの間考えてみてください。さあ、あなたが想像する答えは、チコちゃんに叱られずにすむでしょうか？

◆チコちゃん ちょっといい話

番組では紹介していない、そのテーマに関連するひとくち情報です。

◆答え・解説ページ

問題の答えと、解説者による目からウロコの説明。

◆問題ページ

必ず左ページにあります。めくると答えがあります。

◆チコちゃん百面相

番組の「にらめっこ」コーナーに登場した、チコちゃんのヘン顔を載せています。

◆諸説あります

番組内容に準じて、解説以外の説がある場合などに掲載しています。

◆チコっとプラス

番組では紹介していないプラスアルファの情報や、より理解を深めるための読みものです。

◆小道具

番組のセットに置いてある、不思議な人形やオブジェを散りばめています。

1月

**♪もういくつ寝るとお正月、
お正月にはたこあげて～
って、なんでタコなの？
昔はタコの形だったから？
足が8本…ついてたっけ？**

たこあげは、なんで「たこ」なの？

⇩ウィンストン・チャーチル（1874-1965）はイギリスの首相。2002年、〝最も偉大な英国人〟投票で1位を獲得しました。

やれ凧みたいにふわふわ生きてみてぇなだの、
風に乗っかって気持ち良さそうだなぁとか
言ってるみなさん。かのチャーチルは言いました。
「凧が高くあがるのは、風に乗っているときではなく
向かい風に立ち向かっているときだ」と。
うまい！　チャーチルさんに座布団1枚あげといて。

イカが禁止されたから

⇧中国では現在も鳥の形のたこが愛されています。盤鷹《パンイン》とも呼ばれ、自作する愛好家が多いようです。

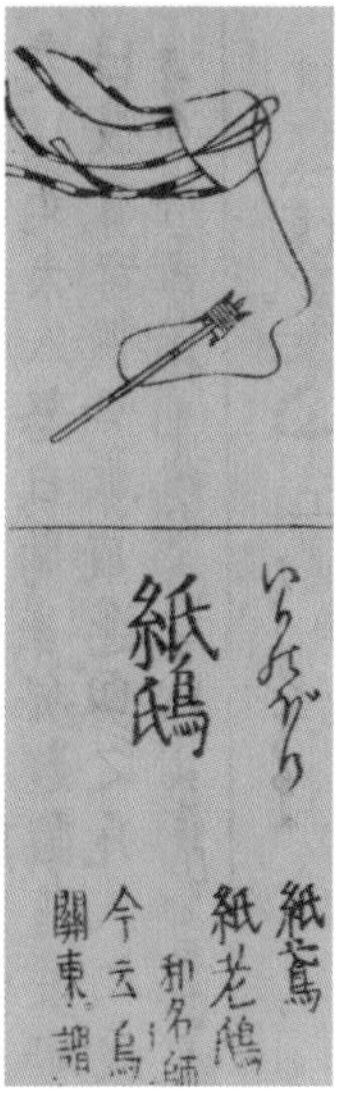

⇦江戸中期の日本の百科事典『和《わ》漢三才《かんさんさい》図《ず》会《え》』の「いかのぼり」。

国立国会図書館蔵

なぜたこあげは「たこ」をあげるのか？ 教えてくださるのは、日本の民俗学に詳しい長沢利明先生。

「じつはたこあげのたこは、昔は『いか』、あるいは『いかのぼり』といわれていたんです」

長沢先生によると、そもそもたこの起源は紀元前4世紀頃の中国で使われていた「紙鳶《しえん》」といわれています。戦《いくさ》のときに、遠くにいる味方に合図を送るために使われていたもので、怪しまれないように、野鳥に似せた形をしていました。だから、紙でできた鳶《とび》って書くわけですね。

その後、平安時代に日本に伝わった紙鳶は、魔物や病気などが風に乗ってくるのを追い払う厄払いの道具として使われます。それが転じて縁起物になり、全国に広まって、月日

「いかのぼり」のなごり

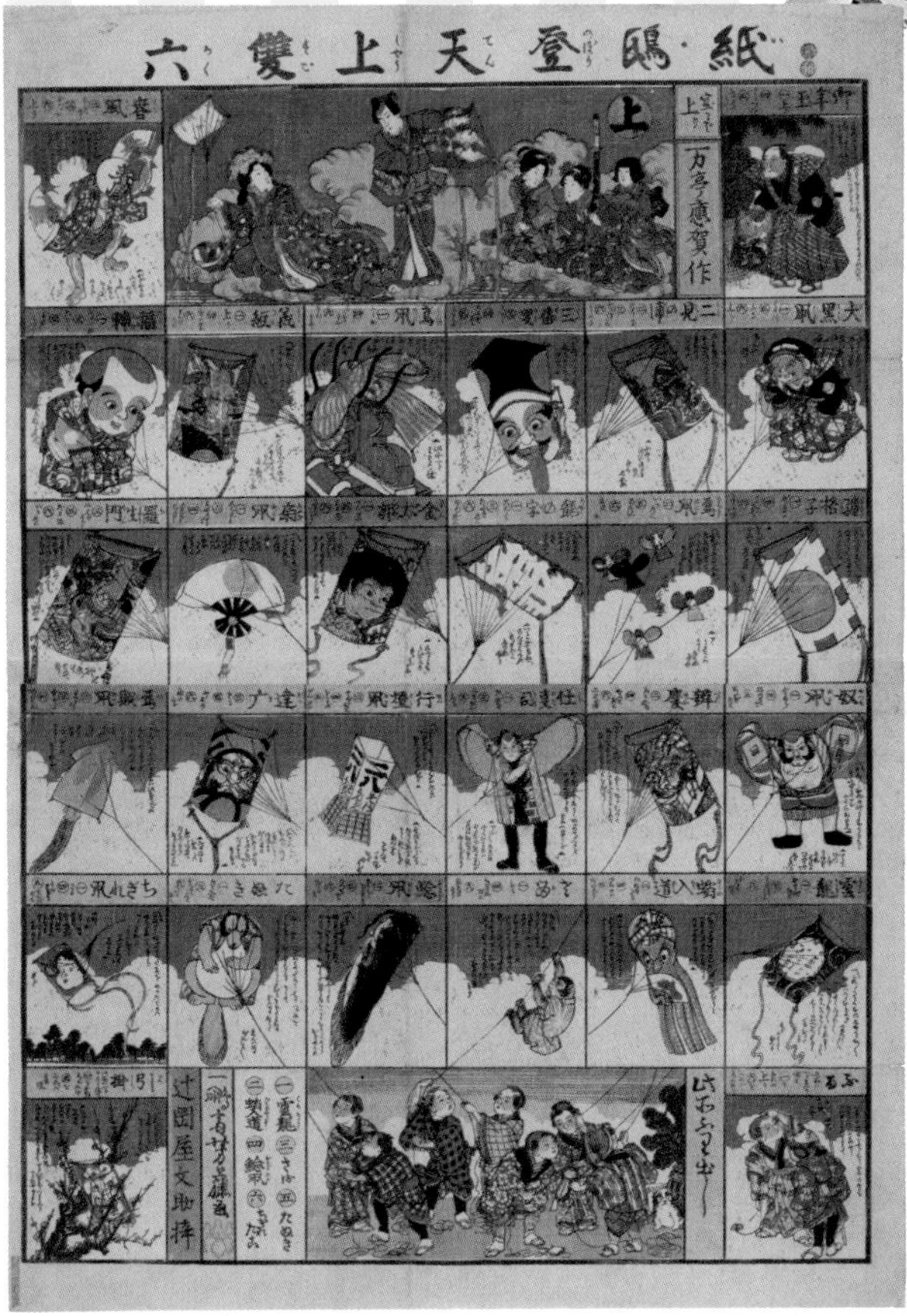

⇦歌川吉藤《うたがわよしふじ》『紙《い》鵈《か》登《のぼり》天上《てんじょう》双六《すごろく》』。幕末に作られた絵すごろくで、実際にイカのするめの形をしたもの、タコ、ナマズなど23種が描かれています。東京都立図書館蔵

ともに様々な形のものが生まれました。

　江戸では、空中でバランスを取れるようにするため、数本の長い紙や糸のついたものが多く使われるようになります。

「ひらひらと足のようなものがついていたこの形が、あたかも海のイカのように見えたわけですね。だから江戸時代には、『いか』とか、『いかのぼり』（漢字では紙鳶・紙鵈）と呼ばれ、大流行したんです」

　江戸時代、いかのぼりは子どもだけでなく、大人の遊びとしても楽しまれました。お正月に限らず、日常的な娯楽のひとつだったのです。

「大ブームだったいかのぼりですが、これが原因で様々なトラブルも起こりました」

　とくに江戸ではいかのぼりブームが大問題になり、これがきっかけで、たこが生まれたのだと、長沢先生は言います。

チコちゃんちょっといい話

凧という字は中国にはなくて、日本で作られた国字よ。「風をはらむ帆」みたいな意味で、紙や布を張って空に飛ばすいか・たこに当てた字なの。だからたこあげがいかのぼりだった頃は、この字を書いて「いか」って読ませていたのよ。

たぶんこうだったんじゃないか時代劇
三代目
暴れん坊将軍
いかあげて いかあげないで たこあげて
作画：森本一樹
今日は風がいいね〜。いかのあがりがいいじゃねえか！
正保3年（1646）江戸――
町人たちに交じり糸をたぐる、男っぷりのいいこの人物……。じつは徳川三代将軍・家光、その人でした。
なに言ってやがる。今日も俺のいかのほうが高くあがってるだろ！
お、言うじゃねえか。勝負だ!!
なにっ!? 張り合おうってえのか。上等でえ!!
このっ！
なにをっ！

あっあぁ〜〜。

俺のいかが！

ぐじゃ
てめえ、俺のいかになにしやがるんでえ!!

おっと！

あいたたた！

へへへ。

大ブームだったいかのぼりは、しばしば上空で接触。それが原因で、ケンカが多発していました。

そこに！さらなる大騒動が!!

正保3年3月25日、火のついたいかのぼりが江戸城に落下。大事には至りませんでしたが、犯人は分からずじまい――。

この事態に、江戸幕府は黙《だま》っていませんでした。

ワイワイ
ガヤガヤ
ん？

はぁ〜〜!?

なんだこりゃ〜〜!!

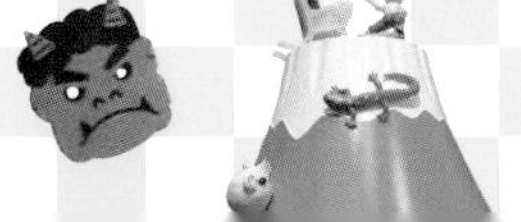

江戸幕府は町奉行所を通じて、いかのぼり禁止令を発令したのです。
定
今より後
紙鳶《いかのぼり》を
禁制とする者也
奉行所
ワイワイ
ガヤガヤ
俺たちの楽しみを奪いやがって!!
なんてことしてくれんだよぉ……。
明日からなにを楽しみに生きていけばいいんでえ!!
…
なんでぇなんでぇ。たかがいかじゃねえか。落ち込んでねえで、仕事に精を出せばいいだろ。
カチン
なんだとぉ…
俺はいかのぼりが生きがいなんだよ。説教たれんじゃねえ! この…
タコ〜
!
たこ…
おい、おめえさんの持ってるソレはなんだい? なんの形だ?
いかだよ。ヒラヒラしてんだろ。いかに決まってら!

ヒラヒラしてんなら、たこに見えなくもないよな？

!!?

えっ
江戸城
ああっ！また不届き者が…。すぐにひっ捕らえて参ります!!

うむ
待て。町人たちはなんと言っておるのだ？

そ、それが……。あげているのはいかではなく「たこ」だと言い張っておりまして…。

なるほど。あれはたこか。

はい…。とんでもないへりくつで…。

許す!!

は、ははーっ!!

今日もお江戸は日本晴れ。たこのように皆が自由になってほしいと願う家光であった――。

⇧歌川国芳《うたがわくによし》『江都《えど》勝景《しょうけい》中洲《なかす》より三《み》つまた永代《えいたい》ばしを見る図』。子どもたちが正月に隅田川の中洲で遊んでいる様子を描いたものです。

公文教育研究会蔵

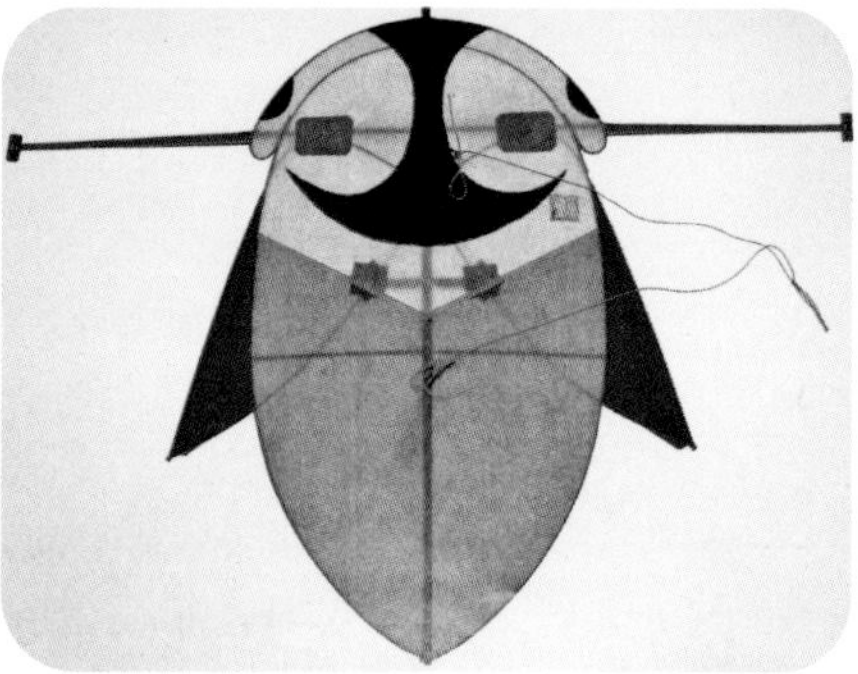

⇨「ベカ」と呼ばれる名古屋の古流凧で、徳川家光の時代にはすでに完成されていたそうです。昆虫のアブ形(写真)とセミ形があります。

写真提供／日本の凧の会・東海支部

「このように庶民のへりくつから生まれた『たこ』『たこのぼり』は、いかのぼりと同じように流行することになりました」(長沢先生)

しかし、たこになっても、もめごとは同じように起こり、いかのぼり禁止令の10年後の明暦2年（1656）には、たこのぼり禁止令が発令されました。

この禁止令を、庶民は無視し続けます。江戸では様々な禁止令があったため、奉行は多少のことには目をつぶっていたそうです。

年中楽しまれていたたこあげですが、お正月には家内安全や商売繁盛を祈願してあげられました。その習慣が現在にも残っていると考えられています。

2月

最近、2月22日を「猫の日」なんていってるわよね。ところで猫ってお魚くわえてるイメージがあるけど、なんで？サザエさんの影響？

なぜ猫は魚が好き？

なぜ猫が魚を好きなのかも知らないまま、
やれ毛がふわふわ～だの、
肉球がぷにぷに～などと
猫とにゃんにゃんなさっているみなさん。
猫目線で申し上げます。
にゃめんなよ！

⇧ネズミを捕ってくれる猫は、今や珍しい存在となりました。

答え 日本人が魚好きだから

アニメの主題歌のせいもあってか、猫といえば魚、というイメージ、ありますよね。でも、なんで猫は魚好きなのでしょうか。猫について詳しい今泉忠明先生に聞いてみました。

「そもそも猫はライオンなどと同じ肉食動物ですから、本来、ネズミなどの小動物を好んで食べます」

しかし、日本では猫は魚が好き、と思っている人が多いですよね。キャットフードも魚入りのものが多く売られています。でも、これはどうやら日本だけのようです。

「猫が魚好きと思っているのは日本だけで、日本以外の国では牛肉や鶏肉など、動物の肉を食べさせていることが多いんです」

ではなぜ、日本では猫は魚好きというイメージになってしまったのでしょうか。

「私たちになじみ深いイエネコの祖先は、リビアヤマネコといわれています。西アジアからアフリカ北部に生息するリビアヤマネコを人が飼う

チコちゃんが好きな魚料理は、なにかな？

日本動物科学研究所所長
ねこの博物館館長
今泉忠明先生

カワハギの肝あえです

ようになったのは、今から約1万年前のことです。

　定住し、農耕を営むようになった人類を悩ませていたのは、ネズミでした。ネズミを捕食していたリビアヤマネコは、ネズミを追いかけるうちに、人の住む領域に入ってくるようになりました。そこで人類は、畑や倉の穀物を食い荒らすネズミを駆除するため、リビアヤマネコを家畜化して飼うようになったのです」

　その後、古代エジプトから世界各地へと猫が伝わっていきました。

　一方、日本にはもともと、ペットとして飼われているような猫はいませんでした。奈良時代、中国から遣唐使船などに乗せられて、渡ってきたようです。

　でも、当時、まだまだ数が少なく貴重だった猫は、貴族など一部の限られた人たちを中心に飼われていました。

「たとえば平安時代の第59代宇《う》多《だ》天皇は大の猫好きで、『寛平御記《かんぴょうぎょき》』という日記のような書物に、その様子が描かれています」

〈よその猫たちの毛色はみんな浅い黒ばかりだけど、私の猫だけは墨のように美しい黒なのだ〉

　まるで、元祖猫ブログのような愛猫自慢ではないですか。

⇧イエネコの祖先といわれるリビアヤマネコ。

⇧大の猫好きで、日記に愛猫の観察記録をつけていた宇多天皇（867〜931年／在位は887〜897年）。仁和寺蔵

⇧宇多天皇がかわいがっていた黒猫（のイメージ）。

チコちゃん ちょっといい話

ハンティングが上手な外暮らしの猫は、小鳥やネズミなどの小動物を1日に12匹くらい捕まえて食べるらしいわよ。猫がちょこっとずつ何度も食べる習性があるのは、そのためなんだって。

⇩⇨鎌倉時代末期に描かれた『石山寺縁起絵巻』第２巻第４段。猫の首輪がひもでつながれています。石山寺蔵

そんな希少な猫が庶民のペットとして一気に増えたのは、江戸時代。今泉先生によると、そのきっかけとなったのが、５代将軍・徳川綱吉《つなよし》が出した「生類憐《しょうるいあわ》れみの令」、今でいうところの動物愛護法でした。

　それまでは、猫をつないで飼うのが一般的でしたが、綱吉はつないで飼うことを禁止。放し飼いとなった猫は町を徘徊《はいかい》するようになり、爆発的に増え、一気に一般庶民も飼うようになったのです。

「その当時、猫の餌は、人間の食べ残しの魚がメインだったんです」

　当時の日本では、猪《いのしし》など一部を除いて、動物の肉を食べるという習慣がほとんどなく、食事の中心は米と魚でした。

「猫はエネルギー源としてタンパク質が必要ですが、当時、簡単に食べられるタンパク質は魚しかなかったんです」

　これが、本来は肉好きな猫が、日本では魚好きになった理由なんだそうです。今泉先生は続けます。

「猫の味の好みやこだわりは、乳離れしたあとの、およそ12週の間に食べたもので決まります。日本の猫が魚を好むのは、ほとんど生まれたときから魚を食べているからですね」

　たとえば、主食がトウモロコシのメキシコでは猫がトウモロコシを、

Photo by Getty Images

⇧きっと江戸時代にも、こんなちゃっかりした猫がいたことでしょう。

チコっとプラス

猫のごはん

いくら猫が魚好きでも、与えすぎは禁物よ。

市販のキャットフードで「総合栄養食」と書かれたものであれば、猫に必要な栄養素がちゃんと入ってるわ。猫は魚が好きだけど、煮干しや鰹節《かつおぶし》なんかを食べすぎると、マグネシウムなどのとりすぎで病気になってしまうこともあるのよ。

⇧日本では、キャットフードも魚を使ったものが主体です。

⇦歌川国芳《うたがわくによし》『流行猫じゃらし』。江戸末期の浮世絵で、擬人化された猫たちが魚介類のごちそうを前に宴会をする様子です。帆立の貝殻にはタコ足のぶつ切り、青い皿には鰻《うなぎ》の蒲焼《かばや》きが盛られています。よく見ると芸者猫の着物の模様には、イカや魚の骨が！　個人蔵

酪農が盛んなスイスではチーズを、イタリアの猫はトマトソースのパスタを食べている様子が目撃されています。ところ変われば、猫の食事情も変わるというわけですね。

さらに猫のギモン

なんで猫はニャーと鳴く?

解説

上智大学総合人間科学部
齋藤慈《あつ》子《こ》准教授

「本来、猫がニャーと鳴くのは子猫のときだけで、おとなの猫どうしはそうではないんです」(齋藤准教授)

でも、おとなの猫もニャーと鳴いているような気が…。

「それは、人間に向けて、あえてそのように鳴いているんです。我々のまわりにいる猫、いわゆるイエネコの祖先種であるリビアヤマネコは、おとなになると、単独で暮らします。だから繁殖のときや敵に出会ったとき以外は、鳴き声を出す必要がなかったんです」

本来、ニャーは母猫に甘えたり、世話をしてもらったりするための鳴き声なんですね。つまり、ニャーは自立すれば必要がなくなるのです。ところが、猫がヒトと共存するようになって、変化が現れたのだとか。

「餌を与えてくれるヒトと共存するようになったことで、猫はおなかがすいたとか、かまってほしいときなど、甘えたり世話をしてもらうために、子猫のときの鳴き方であるニャーを使うようになったと考えられています」

つまり、おとな猫のニャーは、そこにいる人間に対してのアピールだといわれているのです。それってようするに、いいおとなが赤ちゃん言葉で甘えているってこと?

「そのとおりです。動物の中には、生物学用語でネオテニー(幼形成熟)といって、幼い頃の特徴を持ったままおとなになる動物がいます。猫はそれに含まれるといわれています」

◎研究者によっていろいろな解釈があるようですが、ネオテニーの身体的特徴のひとつが、頭蓋骨の形。犬の場合、成長とともに鼻先が伸びて幼い頃とは形が変化します。しかし、猫は幼い頃とほぼ同じ形で大きくなります。

3月 その①

ねぇねぇ、ひな祭りで
「おだいり様」「おひな様」って
いうじゃない? どの人形のこと?
いちばん上に、男の人と女の人が
いるけど……。

ひな人形の「おだいり様」と「おひな様」って誰?

おだいり様とおひな様が誰なのかも知らずに、
やれ雛壇《ひなだん》は5段以上じゃなきゃイヤだの、
私はひな人形をしまうのが遅れたから
お嫁に行けなかっただの、
年に一度の女の子の日をかさにきて、
言いたい放題おっしゃる日本女子の
なんと多いことか。

おだいり様は上の男女ふたり、おひな様はひな人形全員のこと

東京のひな人形

三人官女《さんにんかんじょ》
おだいり様の、身のまわりの世話をする女性たち。

五人囃子《ごにんばやし》
能の音楽を演奏する子どもたち。

随身《ずいしん》
警備・護衛をする武官。

仕丁《しちょう》
お供をしたり、庭そうじをしたりする従者。持ちものは左から、熊手、ちり取り、ほうきです。

ひな人形といったら、おだいり様が一番上にいる男性、おひな様がその隣の女性…って思いますよね？　でも、どうやら違うようなのです。日本人形の研究一筋30年という、是澤博昭教授に詳しく教えていただきました。

「おだいり様とおひな様のことを、男女一対の人形と勘違いされているかたが多いんですが、じつはそうじゃないんですよ。おだいり様というのは、最上段の男《お》びなと女《め》びな、両方のことです。そしておひな様は、

大妻女子大学
是澤博昭教授

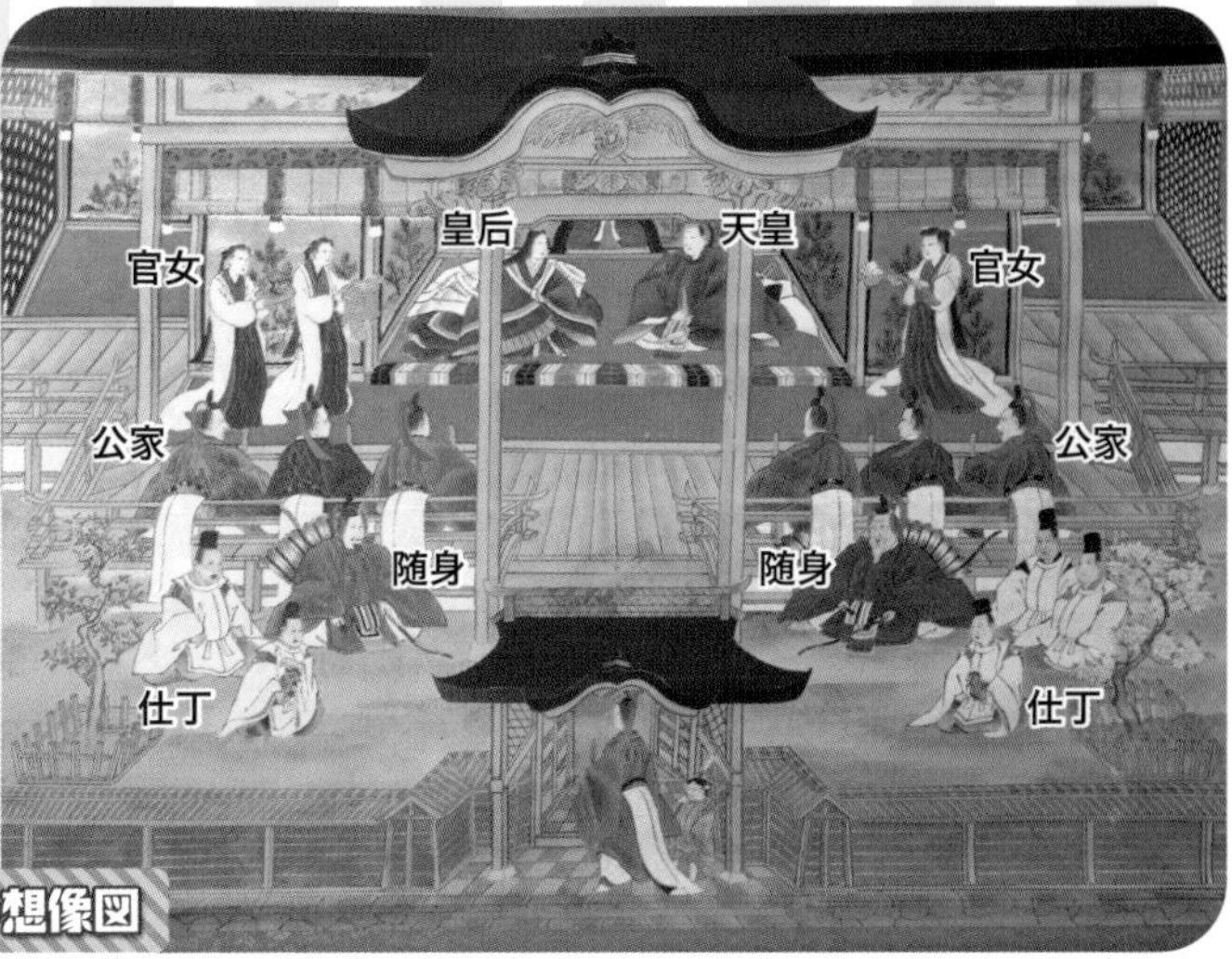

宮中の想像図

⇨江戸時代末期、ひな祭りに飾られた掛軸です。正面の御殿は京都御所の紫宸殿《ししんでん》（儀式や公事《くじ》を行なう場所）を表しています。個人蔵

男びなと女びなも含め、雛壇《ひなだん》に飾られている人形全体を指します」

では、おだいり様とは、誰のことなんでしょう。

「おだいり様とは、天皇の住まいである内裏《だいり》に住む高貴な人々という意味です」

内裏とは、天皇が住み、儀式や執務を行なう天皇の宮殿のことで、御《ご》所《しょ》とか、禁裏《きんり》などとも呼ばれます。おだいり様は、その内裏に住む人たちを表しているため、ひとりの男性、というわけではない、ということですね。

実際に、内裏に住んでいた公家《くげ》の髪形から衣装までを忠実に再現した有職《ゆうそく》びなや、天皇皇后両陛下をイメージした内裏びななど、おだいり様の人形も様々です。

一方、おひな様は、そうしたおだいり様はもちろん、侍女である三人官女や楽器を奏でる五人囃子《ばやし》、随身《ずいしん》（俗に左大臣・右大臣とも）、道具類を預かる仕丁《しちょう》を含む、すべての人形を指します。

⇩明治時代末～大正時代初期の有職《ゆうそく》びな。佐賀藩主だった鍋島家が京都の老舗人形店に特注したもので、実際の公家の装束を写しています。公益財団法人鍋島報效会蔵

チコちゃんちょっといい話

ひな祭りはもともと、旧暦3月の最初の巳《み》の日に水辺で穢《けが》れを払う「上巳《じょうし》の節句」という古代中国から伝えられた風習だとされているわ。巳は、水に関わりのある蛇のこと。節句は、季節の節目に伝統行事を行なう日のことよ。

⇧三代歌川豊国《うたがわとよくに》『三《み》ツ会姫《あいひめ》ひゐな遊ひノ図』(1861年)。江戸時代、季節の節目の「五節句」のひとつとして、3月3日の上巳《じょうし》（桃の節句、ひな祭り）が定められました。虎屋文庫蔵

⇦⇧京都の下鴨《しもがも》神社では3月3日、子どもたちの無病息災を祈ってひな人形を境内の川に流します。これがひな祭りの原型だとされています。

でも、おひな様とかひな人形というときの「ひな」が、姫という意味なのかと思っていました。その疑問を是澤先生にぶつけてみました。

「ひなというのは、女の子が遊ぶ小さな人形という意味でした」

そもそも、ひな祭りが確立したのは江戸時代半ば頃。もともと、3月3日に行なわれていた、人形《ヒトガタ》の紙を水に流し、心身の穢《けが》れや病を取り除く「上巳《じょうし》の祓《はら》い」という習わしと、貴族の女の子たちが遊んでいた人形を使ったままごとのような「ひいな遊び」が組み合わさり、やがて、ひな、すなわち女の子たちが人形を飾って楽しむ、今のひな祭りへと変わっていったと、是澤先生は言います。

ではなぜ、おひな様＝女びなの勘違いが広まったのでしょうか？

⇧1965年刊行の『小学館の幼児絵本　あかるいどうよう』に掲載された『うれしいひなまつり』。作詞者が山野三郎とありますが、これはサトウハチローさんの別名です。

「これはあくまで推測なんですが、みなさんよくご存じの『うれしいひなまつり』という童謡の、2番の歌詞の影響ではないかと思うんです」

問題の歌詞を見てみましょう。

〈おだいり様とおひな様　二人ならんで　すまし顔〉

確かに、この歌詞をそのまま受け取れば、日本国民が勘違いするのも無理はなさそうです。調べてみると、この歌詞の作者は童謡『小さい秋みつけた』や、歌謡曲『リンゴの唄』などを手がけたサトウハチローさん。そんな国民的な作詞家が、歌詞を間違えた？　いったいどういうことなんでしょう。

そこで、ハチロー先生の息子さんである佐藤四郎さんに聞いてみることにしました。

⇧子どもたちに囲まれてギターを弾くサトウハチローさん（1954年）。実際に、娘たちのために豪華なひな人形セットを購入したそうです。

「おやじは、間違いや勘違いがあったんじゃないかなぁ」

『うれしいひなまつり』は、1936年にレコードが発売になり、ラジオで流れて一躍大ヒットしました。その後、小学校の音楽の教科書にも掲載され、ひな祭りの時期が近づくと、日本中の子どもたちが口ずさむようになりました。

　でも、ハチロー先生は、歌がすっかり世間に広まったあとになって、勘違いに気づいたようなのです。

「僕なんかが、おやじの前で『うれしいひなまつり』のレコードをかけると、嫌がられたよ。おい、消せや、俺はあんまり聴きたくないんだ、なんて言ってごまかしていました。だから、おやじの顔色を見ながら、聴くのを控えていましたよ」

　四郎さんによると、ハチロー先生は、おひな様のシーズンになると、小学校や幼稚園帰りの子どもたちが『うれしいひなまつり』を歌いながら通るのを見ては、参っていたそう。よっぽど、気にしていたんですね。

　でもじつは、ハチロー先生は、歌詞の中でも〈お嫁にいらした　姉さまに　よく似た官女の　白い顔〉の部分に特別な思いを抱いていたようです。ハチロー先生には、お姉さんや妹さんがいましたが、嫁ぐ前に若くして亡くなられたそうです。

『うれしいひなまつり』は、自身の姉妹の早世に心を痛めたハチロー先生が、彼女たちを偲《しの》んだ鎮魂歌でもあったのです。

　歌詞に勘違いはあったものの、80年以上にわたり歌い継がれている『うれしいひなまつり』が名曲であることに変わりはありません。

チコっと プラス

東西でおだいり様の並びが逆!?

ひな人形を飾るとき、関東と関西で置き方が違うらしいわよ。どうしてなのかしら？

⇧京都の内裏びな。向かって右に男びな、左に女びなを置く飾り方です。

⇧1928年、東京朝日新聞に掲載された昭和天皇ご夫妻の写真。

日本では昔から、真ん中を割って左右がある場合、左のほうが上位とされてきました。左大臣と右大臣では、左大臣のほうが位が高いのです。一対のおだいり様も、天皇陛下と皇后陛下とすると、天皇陛下のほうが位が高いということで、男びなが左にきます。それを対面から見ると、右側に男びなが座していることになります。だから、伝統的には、男びなが向かって右にくる関西の飾り方が一般的でした。

是澤先生によると、関東の男びなが向かって左になったのは、昭和天皇の即位式が初めて新聞に載って以降、そのときの天皇皇后両陛下の位置を参考に、東京のひな人形卸商組合が決めたから、だそうです。

チコちゃん ちょっといい話

「五節句」は、古代中国の陰陽《いんよう》五行説《ごぎょうせつ》をもとにしてるんだって。1月7日の人日《じんじつ》（七草粥）、3月3日の上巳《じょうし》（桃の節句、ひな祭り）、5月5日の端午《たんご》（菖蒲《しょうぶ》の節句、こどもの日）、7月7日の七夕《しちせき》、9月9日の重陽《ちょうよう》（菊の節句）があるわ。

お餅とお団子は、どう違うの？

**ねぇねぇ、「花より団子」っていうじゃない？
お団子って、お餅を串にさしたもの？
原料はどちらもお米よね。**

答え：粒か粉か

解説 日本和食卓文化協会
槻谷《つきたに》順子代表理事

「お餅とお団子は、作るときの材料の形状が違います」

槻谷さんによると、餅も団子も、主な原材料は米。餅は、蒸した米を米粒のまま、臼と杵でついたもの。それに対し団子は、米を粉状にして水分を加えこねて、茹《ゆ》でたり蒸したりして加熱したものだそう。つまり、米を粒のまま作るか、粉にして作るか、の違いなのです。

「とはいえ、スーパーなどで売られている賞味期限が長い餅は、米の粉から作ったものが多いんです。餅生地にするときに砂糖や甘味料を加えることで保水力が上がり、柔らかさが持続しやすくなりました」

また桜餅や柏餅、くず餅、わらび餅など、本来は餅ではないのに名前だけ「餅」のものもけっこうあります。現在も餅と団子の区別は進化し続けていると、槻谷さんはいいます。

「現在は、平たいものをお餅、丸いものをお団子、と形状で名付けられているものも多いように思います」

長い日本の食の歴史の中で、餅と団子の区別のし方はどんどん変化してきているようですね。

「桜餅」は餅じゃない？

⇧関東で主流の一文字桜餅（左）は、米粉と小麦粉をクレープ状にしたもの。つぶつぶした生地の道明寺《どうみょうじ》桜餅（右）は関西生まれで、蒸したもち米を乾燥させて砕いた道明寺粉を使います。どちらも餅と名がついていますが、粉から作られているので、厳密には「餅菓子」です。

◎関西では道明寺でない桜餅、焼いた皮であんを包んだものは、すべて「長明寺《ちょうめいじ》」と呼びます。本来の長明寺桜餅は向島《むこうじま》（東京・墨田区）の長明寺が発祥で、3枚の桜葉で包まれています。
［一般社団法人 日本和食卓文化協会］ https://www.nihonwasyokutakubunka.com/

3月3日は
桃の節句でもあるわね。
桃といえば、
桃太郎の話は知ってる？
川で拾った桃から生まれたって？
人が桃から生まれるわけないでしょ！

3月
その❷

なんで桃太郎は桃から生まれた？

なぜ桃太郎は
桃から生まれたのかも知らずに、
私も昔はピーチピチだの、
男はやっぱり桃太郎侍だのと言っている日本人の
なんと多いことか。ちなみにみなさんは、
桃缶のシロップ、飲む派？
飲まない派？

⇧⇨1962年刊行の『小学館の幼児絵本　ももたろう』より。絵は風間四郎さんです。

答え

大人の忖度《そんたく》

⇧江戸時代に書かれた本の中では、おじいさんとおばあさんは川から拾ってきた桃を食べて(右)、若返る(左)という話になっていました。確かに、おばあさんが切っている桃は普通サイズのようです。
北尾政美画『桃太郎一代記　五巻』国立国会図書館蔵

桃太郎の秘密は、全国各地の桃太郎を研究する会を束ねる松川亭桃太郎さんに聞けば分かるだろうということで、たずねてみました。

「じつは桃太郎は、桃から生まれていないんですよ」

な・なんと、のっけから衝撃発言です。桃から生まれていないのなら、いったい桃太郎はどうやって生まれてきたんでしょうか。

「昔は、おばあさんが生んだことになっていたんです」

江戸時代の天明1年（1781）に書かれた『桃太郎一代記』を見てみると、そこにはこんな物語が描かれていました。

川で桃を拾ったおばあさんが家に帰り……と、ここまでは一緒ですが、家に持ち帰ったおばあさんは、桃を食べた……え、食べた？　すると、

日本桃太郎の会　会長
松川亭《まつかわてい》桃太郎さん

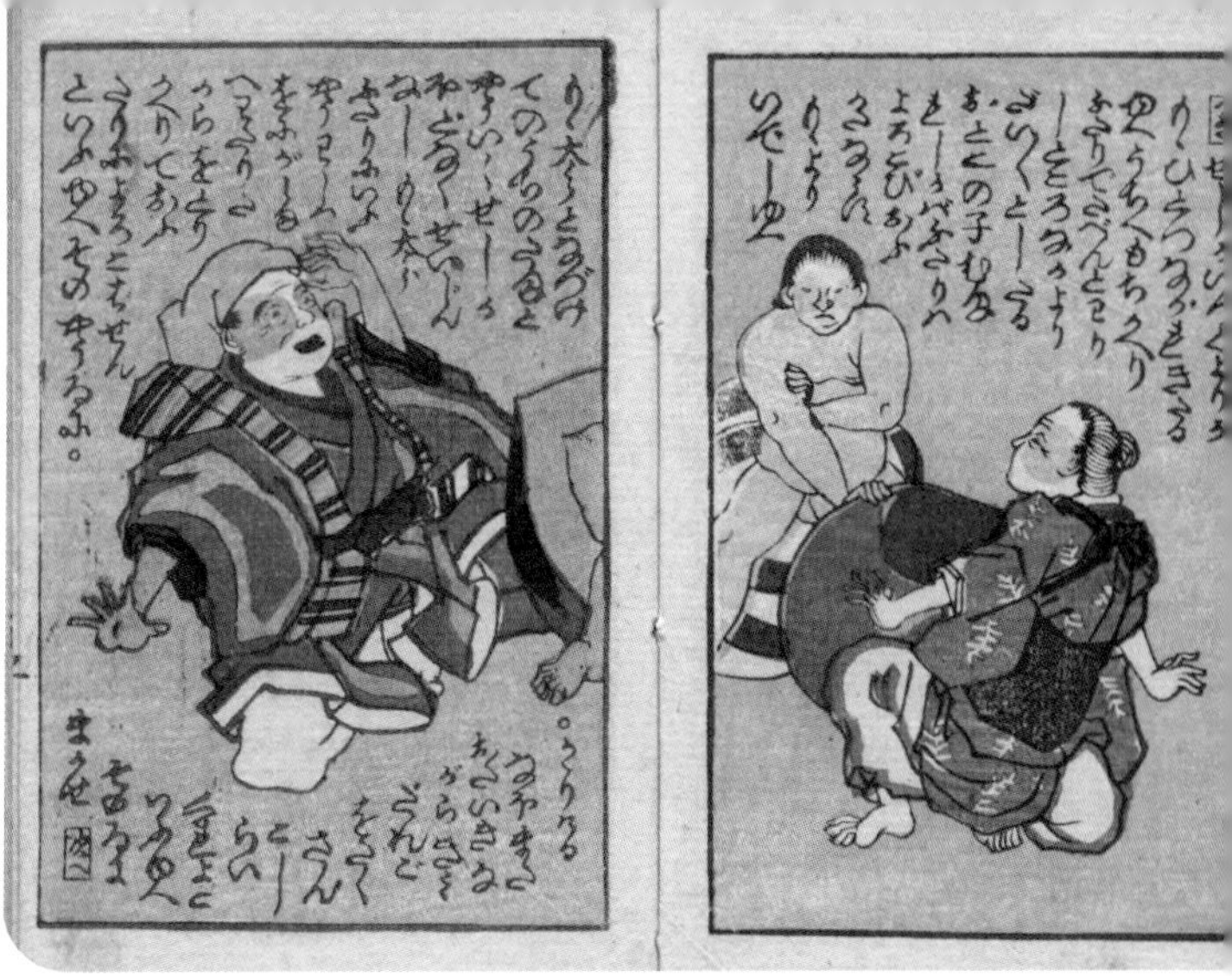

⇦明治9年（1876）頃に発刊された村井静馬《しずま》著のおとぎばなし本『桃太郎噺《ばなし》』では、すでに桃太郎は桃から生まれたことになっています。こうした説を、小学校の教科書が採用したようです。国立国会図書館蔵

驚いたことに、おばあさんは超若い娘に大変身。そこへ、山から戻ってきたおじいさんはびっくり。

「あんたは、まさか昔の……！」

「桃を食べたから若返ったのよ」

おじいさんも半信半疑で食べてみると、これまたびっくり、おじいさんも若返った！　すると、どうでしょう、若返ったふたりに赤ちゃんが

⇦明治時代の検定教科書『尋常小學讀《じんじょうしょうがくどく》本《ほん》』には、《桃は、二つにわれて、中から、かはゆらしいをとこの子がうまれました》と書かれています。国立国会図書館蔵

誕生します。

これが桃太郎。つまり、江戸時代に書かれた物語の中では、桃太郎は、桃を食べて若返った老夫婦の「愛の結晶の物語」だったのです。

しかし、このストーリーは私たちの時代にはなくなっています。いったい、なにがあったのでしょうか。

「明治時代に学校教育を整備するにあたって、昔の桃太郎の話をするには、ちょっと具合が悪いんじゃないかと。子どもたちに教えづらいというか。そこで、大人の忖度が働いて、桃太郎は桃から生まれてきたことにされたんだと思いますよ」

こうして、明治12年（1879）の検定教科書に掲載された桃太郎の話は、桃から生まれたという説が採用されました。

チコちゃん ちょっといい話

桃太郎の鬼退治のお供は、なんで犬・猿・雉《きじ》？　鬼（邪気）が入るといわれる鬼門は北東で、その反対側の南西は、鬼に対抗する裏鬼門といわれているの。そこに位置する十二支の動物が、申（猿）、そこから時計回りに酉（鳥）、戌（犬）だそうよ。

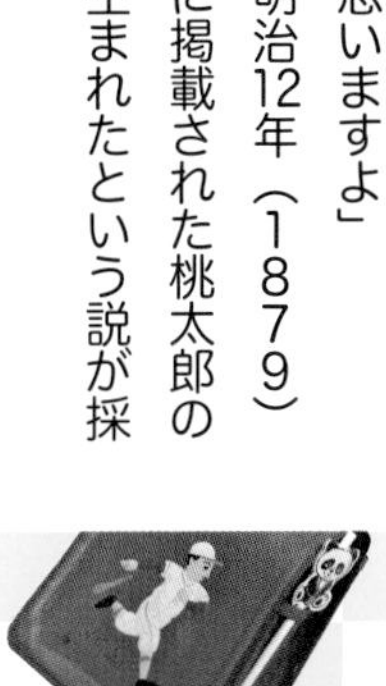

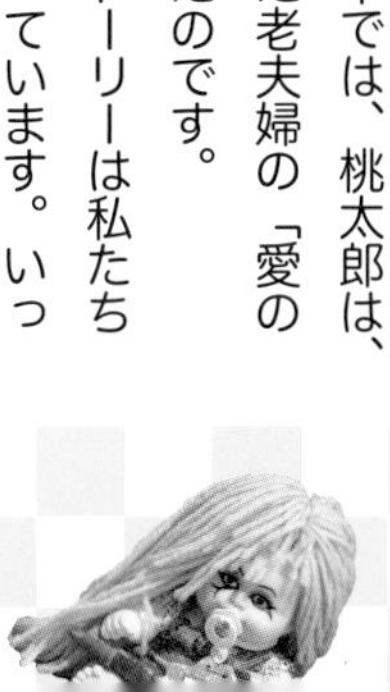

この、桃から桃太郎が生まれるというお話は、当時の学校教育にとっても都合がよかったそうです。

⇧1941年刊行の絵本雑誌『キンダーブック』（フレーベル館）。日独伊三国同盟を、子どもにもなじみ深い童話のキャラクターで描いています。

「桃から生まれた小さな桃太郎が鬼退治をしたというところが、軍国主義における富国強兵に利用されたということも、その時代にあったのだと思います」（松川さん）

小さな桃太郎が大きな鬼を打ち負かすという物語の内容が、小さな日本が、欧米の大国を打ち負かすイメージと重ねられ、国威発揚に利用されたのだそうです。

⇧第二次大戦中におまけとして配られた、富山の置き薬の引き札（公告チラシ）。桃太郎が進軍の最前線の役割を担わされています。田中聡氏蔵

太平洋戦争直前の昭和16年（1941）に発刊された子ども向けの本の表紙には、桃太郎がピノキオや赤ずきんちゃんと手を取り合おうとしている姿が描かれています。桃太郎＝日本、赤ずきんちゃん＝ドイツ、ピノキオ＝イタリアで、日独伊三国同盟を分かりやすく描いたものです。

さらに驚きの事実を、松川さんが証言してくださいました。

「桃太郎はどこのお話だと思います？」

岡山じゃないんですか？　岡山駅前に桃太郎像がありますし。

「岡山だけじゃなくて、全国各地に桃太郎伝説の地があるんですよ。桃の産地と、鬼ヶ島伝説のあるところには、桃太郎の民話が伝承されているところが多いんです」

桃太郎の伝承地

⇦岡山駅前の桃太郎像。犬・猿・雉を従えています。

松川さんによると、代表的なところとしては、ほかにも香川、愛知、山梨、奈良などが挙げられるそうです。そして驚いたことに、桃太郎伝説の地として、青森まで名乗りを上げているのだとか。

青森県といえば、イエス・キリストのお墓があったり、ピラミッドがあったり、源義経が青森からモンゴルに渡ってチンギス・ハンになったり……と、歴史について、なかなか独創的な見解をお持ちの県。

そこで調べてみると、『津軽《つがる》口《こう》碑《ひ》集《しゅう》』という本の名前が浮上しました。それによると、おばあさんが桃を拾ってタンスの中に入れておいたところ、赤ん坊が生まれていた……。タンスから、桃太郎！ さすが、期待を裏切らないミステリー県・青森でした。

●岡山県岡山市／吉備津《きびつ》神社

⇧朝鮮半島から渡ってきた豪族・温羅《うら》を平定した吉備津彦命《きびつひこのみこと》が祀《まつ》られています。総社《そうじゃ》市には、温羅の城塞だったという山城「鬼ノ城《きのじょう》」もあります。

●香川県高松市／桃太郎神社

⇧沖合に浮かぶ女木島《めぎじま》は、「鬼ヶ島」と呼ばれる海賊の拠点でした。それを退治した稚武彦命《わかたけひこのみこと》（吉備津彦命の弟）が祀られています。所在地は「鬼無《きなし》」です。

●愛知県犬山市／桃太郎神社

⇧日本神話で国造りをした男神・（伊邪《いざ》那岐神《なぎのみこと》）が、桃の実を投げて化け物を追いはらうエピソードがあります。その桃の神・大神実命《おおかむづみのみこと》を祀り、生まれ変わりが桃太郎だといいます。

チコちゃんちょっといい話

桃は古くから神聖な食べものとされてきたの。712年にまとめられた日本最古の書物『古事記』には、黄泉《よみ》の国（死者の世界）に行った伊邪那岐神が、逃げるときに追っ手に桃の実を投げつけると、追っ手は退散したと書かれているわ。

チコっとプラス

桃太郎の桃って、見たことある？

⇧天津水蜜桃《てんしんすいみつとう》の果実。
⇦長崎の郷土菓子「桃カステラ」も、先端がとがった形です。

絵本なんかでは、赤っぽくて、下が桃尻のように丸くて、先端はつんととがってる姿よね。

調べてみたところ、ちゃんとありました。その名も、「天津水蜜桃《てんしんすいみつとう》」。中国の絵で、仙人の食べものとして描かれるのが、この形の桃。日本には、明治8年（1875）に中国から伝わった品種のひとつです。

名前からして甘くておいしそうなのですが、実際は赤い果肉は酸味が強く、果汁も少なめ。砂糖で煮て食べられることが多かったようです。

天津水蜜桃は昭和初期までは多く栽培されていたようですが、同時に日本に持ち込まれ、より甘くて美味であった上海《シャンハイ》水蜜桃とその後継となる、果肉の白い白桃系の品種に押されて、市場からほとんど姿を消してしまいました。ちなみに、日本にも昔から桃はありましたが、小さくて、硬く、甘みも少ないものだったようで、やはり上海水蜜桃系列の桃たちに市場で負けてしまったようです。

そんな天津水蜜桃ですが、植物園などで見ることができますし、一部で苗も販売されています。

仙人が食べたかもしれない桃、興味のある人は育ててみては？

⇧中国では古来、桃は仙人（神仙）に霊力を与え、邪気を払い、不老長寿を与える神聖な木と実として珍重されました。道教の最高位の女神（仙女）である西王母《せいおうぼ》は、たいてい桃を手にした姿で描かれています。これは、西王母が3000年に一度だけ実がなる桃を漢の武帝に献じたという伝説に由来します。

⇦西王母は「蟠桃会《ばんとうえ》」という宴《うたげ》を開きます（これが3月3日の桃の節句の起源という説も）。そこに乱入して桃を盗み食いしてしまったのが、『西遊記』の孫悟空といわれています。

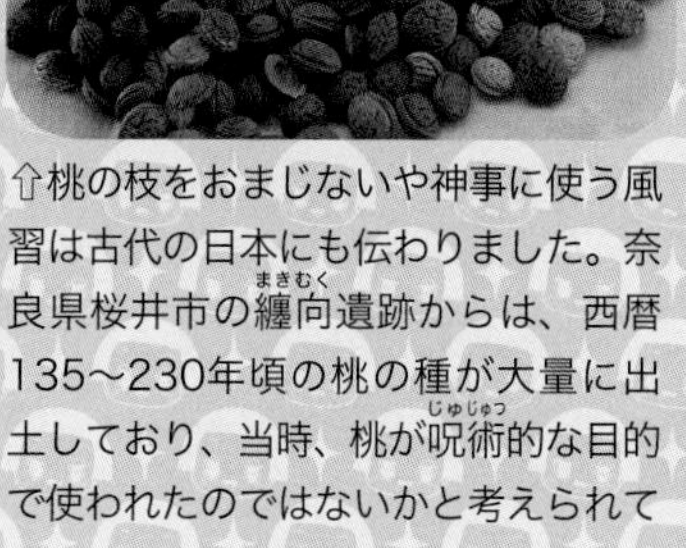

⇧桃の枝をおまじないや神事に使う風習は古代の日本にも伝わりました。奈良県桜井市の纏向《まきむく》遺跡からは、西暦135～230年頃の桃の種が大量に出土しており、当時、桃が呪術《じゅじゅつ》的な目的で使われたのではないかと考えられています。写真提供／毎日新聞社

みんなで歌っちゃおう!

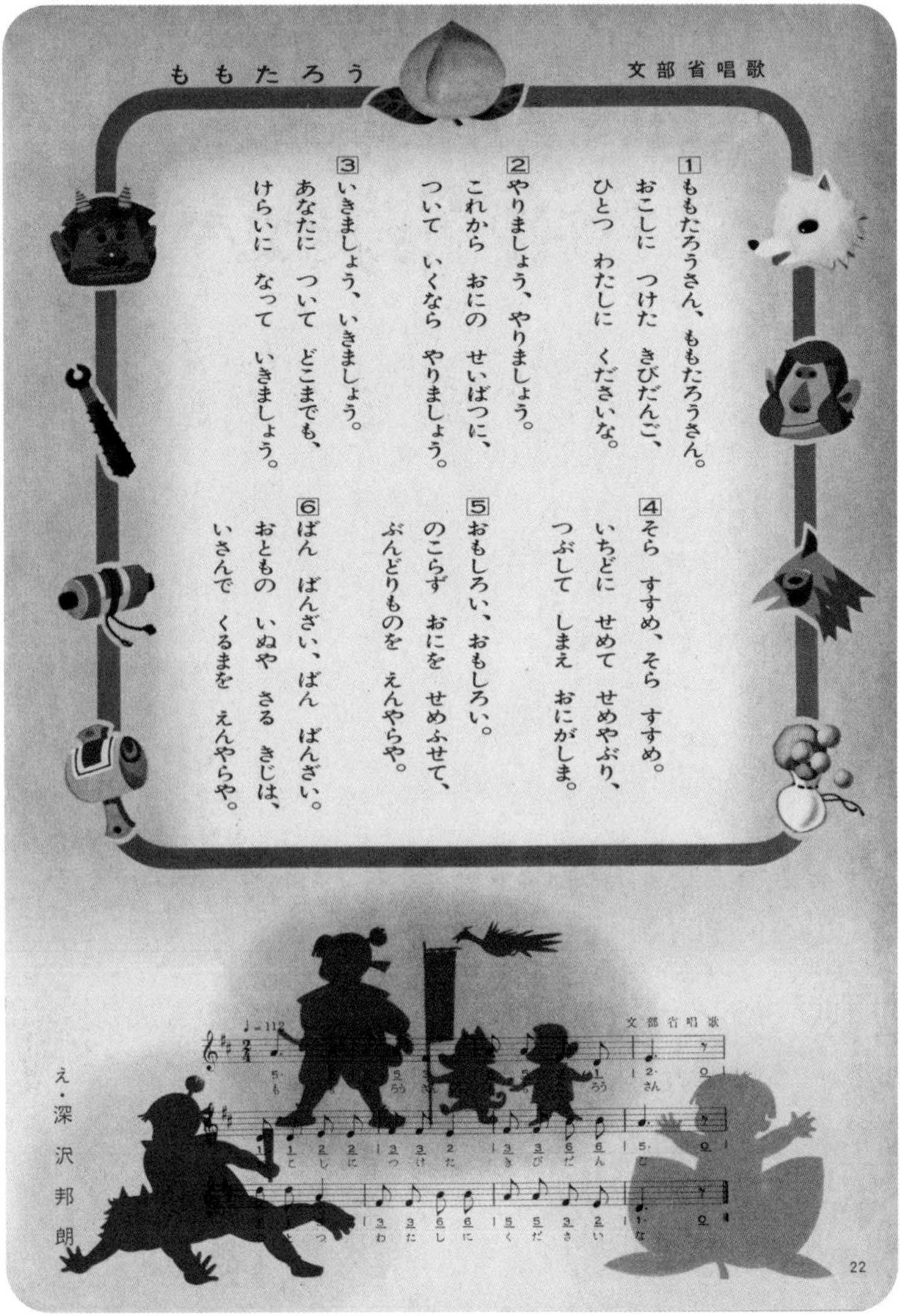

⇧『小学館の幼児絵本　ももたろう』より。

4月

エイプリルフールってあるじゃない？
毎年4月1日に、みんなが
愉快なウソを楽しんでるわよね。
なんでその日はウソついてもいいの？

ウソつくと、
ピノキオみたいに
鼻が伸びちゃうぞ～！

Photo by Getty Images

なんで4月1日はウソをついていい日になった？

エイプリルフールがなにかも知らずに、
じつはずっと好きでした……
な～んて、うっそー、だの
私たちの貯金全部使っちゃった
な～んて、うっそー、だの
とりあえず言ってみて
ウソだったことにしているみなさん。
じつは全部本当なんでしょ？

⇧ローマにある「真実の口」。ウソつきが手を入れると、抜けなくなるという伝説があります。

⇧1905年のフランスの絵葉書。フランスでは4月1日は「4月の魚（Poisson d'avril／ポワソン ダヴリル）」と呼ばれています。かつて年の始まりがバラバラだった時代に、きりの良い4月1日に贈り物を交換する習慣がありました。ちょうど復活祭前の受難節の時期と重なることが多く、肉料理を控えるために魚を贈る人が多かったという説があります。

時代遅れの人たちをからかう日

4月1日はウソをついていい公認（？）の日、エイプリルフール。「4月馬鹿」とか「4月にだます」という意味ですが、そもそもなんで、この日はウソをついていいことになっているんでしょうか。

ヨーロッパの歴史を研究している堀越宏一教授に話を聞きました。

「エイプリルフールというのは、フランスが一年の始まりを1月1日と決めたとき、その新しい風習になじめなかった時代遅れの人たちをからかったことをきっかけとして始まったといわれています」

紀元前1世紀頃、古代ローマでは、一年の始まりは1月1日と定められていました。しかし中世になると、ローマ・カトリック教会は、古代ローマの神ヤヌスの名前に由来する1月（英語ではJanuary《ジャニュアリー》）から一年が始まることを嫌って、一年の始まりの変更を指導したのです。どんな指

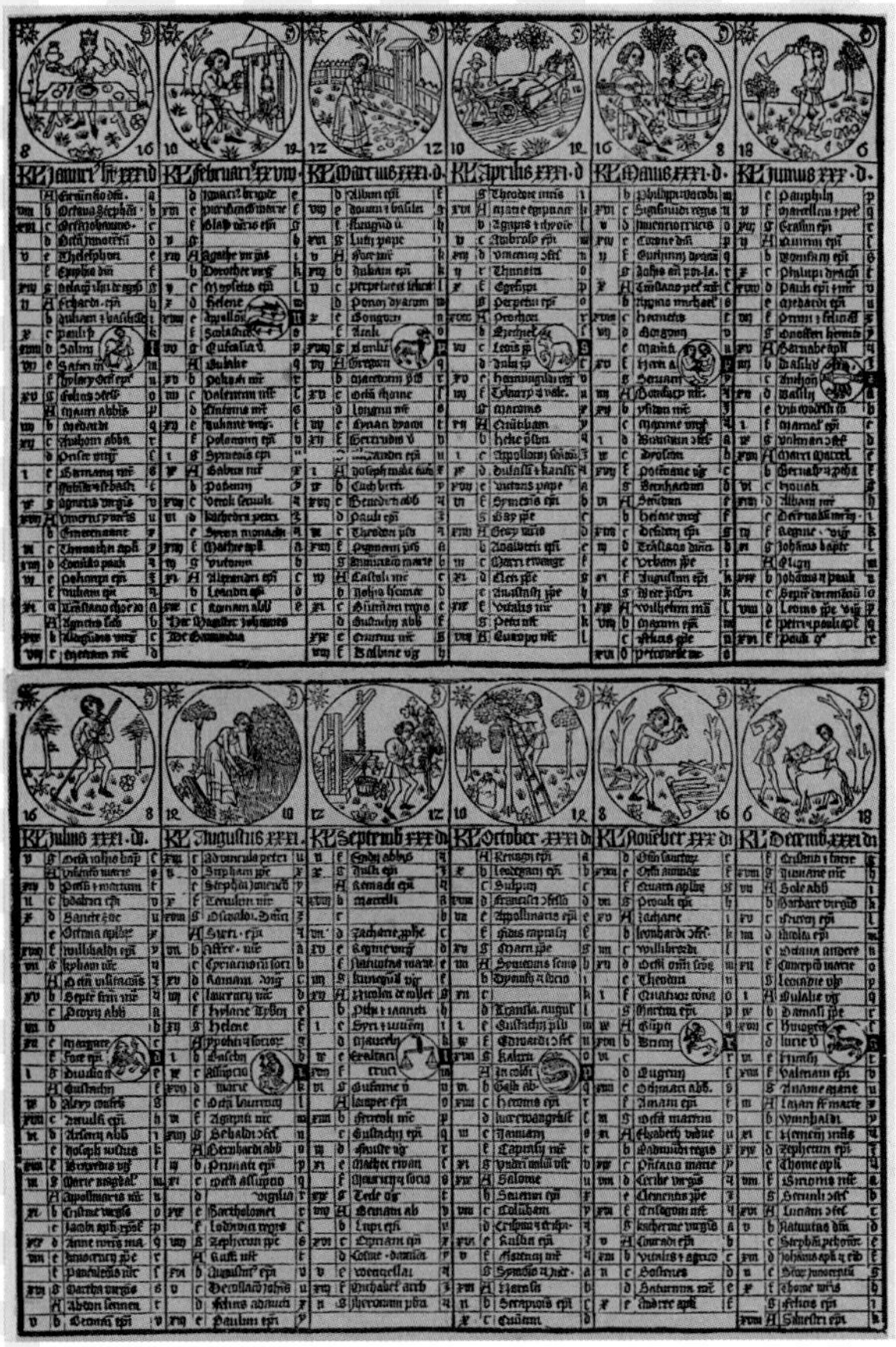

古代ローマのユリウス暦

⇦紀元前46年、ローマの独裁官ユリウス・カエサルがエジプトの天文学者を招いて制定し、紀元前45年1月1日から実施された暦。1月を年初とし、1年を365.25日、奇数月を31日、偶数月を30日に、2月のみ29日と制定しました。写真は16世紀にフランスで制作されたものです。

導だったかというと、〈一年をキリスト教の祝日スタートに変更しなさい〉というもの。

当時、暦や時間は神様が決めるものとされており、教会がこれを決めるのは当然のこと、というのがローマ・カトリック教会の主張でした。国をあげてキリスト教を信仰していたフランス国民たちは、このお触れに従って、一年の始まりをキリスト教の祝日に変更することにしました。ところが、ことはそう簡単にはいかなかったと、堀越教授。

「どの祝日を一年の始まりとするのか、フランス国内でも地域によってバラバラになってしまったんです」

ある地域ではキリストの誕生を祝う12月25日のクリスマスから、ある地域では3月下旬から4月下旬のどこかで行なわれるキリストの復活祭から、またある地域ではキリストの母マリアがキリストを身ごもったことを天使から告げられた3月25日からと、地域ごとに違った一年の始まりの日を設定してしまったのです。

チコちゃん ちょっといい話

エイプリルフールが日本に最初に伝わったのは、江戸時代という説があるわ。中国で4月1日を「衆愚節《しゅうぐせつ》」あるいは「万愚節《ばんぐせつ》」と呼んでいたのが、日本に伝わってなぜか「不義理の日」と呼ばれるようになったらしいわよ。

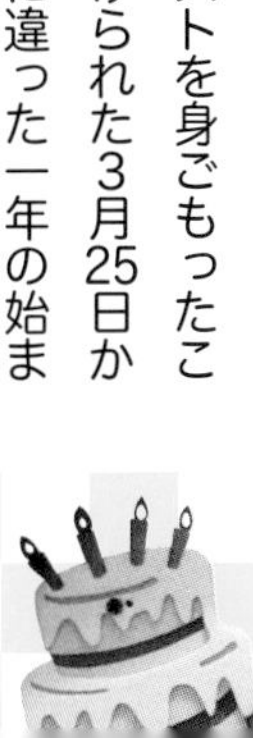

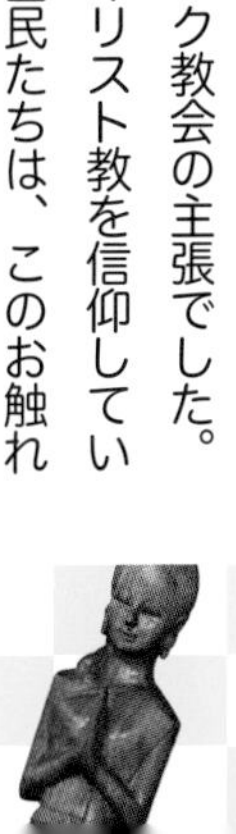

「4月の魚」の不思議な絵葉書

⇧魚にひかれる天使（1908年）。ホタテ貝は聖ヤコブの象徴でもあります。

⇨少年たちが魚にまたがって競走をしています（1907年）。

そんなバラバラ暦が500年以上も続きましたが、16世紀半ば頃、ついにフランス国王シャルル9世から、あるお触れが出されました。

〈一年を、1月1日スタートにしなさい〉

　こうして、国王の鶴の一声により、フランス全体の一年の始まりは1月1日に戻ることになったのです。

ところが、電話もインターネットもない時代のこと。フランス全土に情報が行き渡るのに時間がかかり、変更後も、自分の住む地域で決められていたキリスト教の祝日を一年の始まりとして祝い続ける人たちもいたのです。

　すると、1月1日が一年の始まりだということをすでに知っていた人たちは、キリスト教の祝日を一年の始まりとして祝い続けている人たちに、おかしな贈り物をするようになりました。たとえば、こんな感じ。

〈ハッピーニューイヤー！　今日からまた一年よろしくね……な～んて、うっそ～！　今日は一年の始まりじゃないよ～〉

　こういったウソの新年を祝う手紙や、ウソのプレゼントを贈り、新しい一年の始まりを知らない時代遅れな人たちをからかうようになっていきました。

　それから月日が経ち、1月1日が一年の始まりということがフランスの人々に定着したあとも、復活祭や受胎告知の祝日といった、それまで一年の始まりとされていたキリスト教の祝日の近くで、きりのよい4月1日になると、一年の始まりでもな

いのに、〈ハッピーニューイヤー！〉とウソを言い合う風習ができていき、いつしか4月1日はウソをついていい日へと変化していきました。これが、現在のエイプリルフールのもととなったのです。

「でも、エイプリルフールの起源にはいろんな説があって、調べれば調べるほど、本当のことが分からなくなっちゃうんです」(堀越教授)

⇧フランスでは4月1日が近づくと、魚の形をしたパンやスイーツが店頭に並ぶそうです。日本の『ラ ブティック ドゥ ジョエル・ロブション』でも、魚形のパイを毎年販売しています。

ほかにも、以下のような説があります。

●**4月の魚説**＝4月にはサバがバカみたいにたくさん釣れるため、だまされるバカな人を「4月の魚」と呼ぶようになり、4月になったその日に、誰かをだます風習ができた。

●**魚にだまされた説**＝4月1日は漁の解禁日だったが、魚が釣れないことが多かったため、「魚にだまされた」、つまり、だまされる日になったという説。

●**ロレーヌ地方発祥説**
●**ユダ誕生日説**
●**ユダ命日説**
●**インドの僧説**
●**悪魔追い祓い説**
●**古代ローマの祭説**
●**ノアの箱舟説**
●**うお座説**
●**春の天気はきまぐれ説**
●**カモメにだまされる説**

「エイプリルフールを魚と結びつける説の多いフランスですが、現代では4月1日になると魚の形に切った紙を、分からないように他人の背中に貼り付けるという遊びをしているんですよ」

⇩かつて魚の贈り物をあげたなごりから、フランスでは4月1日のいたずらも魚の絵になったといわれています。

チコちゃんちょっといい話

シャルル9世は、昔どおりのウソの新年を祝っていた人たちを逮捕、処刑までしてしまったの。このとき、13歳の女の子まで処刑されてしまい、ショックを受けた人々は、その後も「ウソの新年」をわざと祝い続けたそうよ。

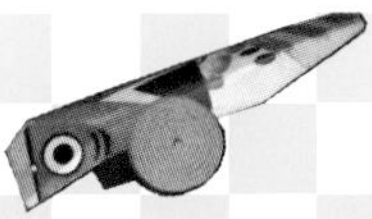

BBC Motion Gallery/Getty Images

●スパゲッティの木（1957年）

⇧⇨「暖冬と、害虫であるスパゲッティゾウムシの駆除により、スイスのティチーノ地方でスパゲッティが大豊作」と、収穫の様子を放送。

BBCのエイプリルフール傑作映像

●空飛ぶペンギン（2008年）

BBC Motion Gallery/Getty Images

⇦⇧ドキュメンタリー制作チームが、南極で空飛ぶペンギンの撮影に成功！　解説者はコメディ集団モンティ・パイソンのテリー・ジョーンズでした。

起源はともあれ、現在では世界中で楽しまれているエイプリルフール。中でも、ユーモアの本場イギリスの公共放送ＢＢＣは、エイプリルフールのウソのニュースにかなり気合を入れています。

たとえば「スパゲッティがなる木発見」（１９５７年４月１日放送）のウソニュースでは、育ててみたいという問い合わせが殺到したとか。これに対し、ＢＢＣは「スパゲッティの小枝をトマトソース缶にさして祈ってください」と答えたそうです。回答まで、攻めてますよね。

5月

**長〜い連休のことを
ゴールデンウィークなんていうわね。
カレンダーで日曜日以外でも
赤くなっている日が休みなんだけど、
それって祝日？ それとも祭日？**

祝祭日の祭日ってなに？

祝祭日の祭日がなにかも知らずに、
せっかくの10連休といっても
実家に帰ることしか思いつかず、
実家でもなにをしたらいいのか分からず
途方に暮れ、休み方を知らない
日本人のなんと多いことか。

答え

祭日はない

⇧昭和10年（1935）1月のカレンダー。祝祭日を表す旗のマークがあり、1日は「四方拝《しほうはい》」、3日は「元始祭《げんしさい》」、5日は「新年宴会」と書いてあります。

ひとくちに祝祭日と慣用的にいいますが、公式の祭日というのはないんです。だまされたでしょ？

どういうことか、詳しく教えてくださるのは、日本の伝統文化に詳しい所功《ところいさお》先生。

「戦後の日本には、法律に定められた祭日というのはないんですね。法律的にはすべて国民の祝日といっておりますから、祭日はないんですよ」

六法全書で、「国民の祝日」に関する法律の条文を読んでみました。

《自由と平和を求めてやまない日本国民は、美しい風習を育てつつ、よりよき社会、より豊かな生活を築きあげるために、ここに国民こぞつて祝い、感謝し、又は記念する日を定め、これを「国民の祝日」と名づける》

確かに、国民の祝日と名づける、とあり、祭日とはどこにも書いてありません。つまり、こどもの日も、天皇誕生日も、スポーツの日も、すべて祝日なのです。

しかし今なお祝祭日というように、祝日と祭日をごっちゃに考えてしまっているのはなぜなのでしょうか。

京都産業大学
所《ところ》 功《いさお》名誉教授

⇧平安以来、1月1日に行なわれた「四方拝」の様子。天皇が元日の早朝に天地四方を拝する行事で、屏風《びょうぶ》で周囲を囲い、畳の御座《ぎょざ》を設けます。『公事録』より「四方拝出御之図」宮内庁書陵部蔵

「じつは法律的には祭日はないのですが、かつて祭日だった日が現在、祝日として残っているんですね」

　先生によると、たとえば現在の祝日のひとつ「勤労感謝の日」は、以前「新嘗祭《にいなめさい》」という名の祭日でした。祭日はいつなくなったのでしょうか。そこで再び六法全書にあたると、昭和23年（1948）とあります。つまり、それ以前の日本には祭日が存在していたのです。

　では、祝日と祭日の違いはなんだったのでしょう。

「皇室で行なわれるお祭りの日を祭日といいました。それに対して社会、あるいは国家におけるお祝いの日を祝日といったのです」

　昭和23年以前のカレンダーを見てみると、たとえばお正月のうち、元日は「四方拝《しほうはい》」という祝日、3日は「元始祭《げんしさい》」という祭日でした。さらに、3月の春分の日は「春季皇霊祭《こうれいさい》」と呼ばれ、歴代天皇・皇后・皇族たちの霊を祭る祭日でした。

⇨1月3日に行なわれていた「元始祭」は、天皇家の祖先である天照大御《あまてらすおおみ》神《かみ》が孫の邇邇芸命《ににぎのみこと》を天上の高天原《たかまがはら》から地上の豊葦原中国《とよあしはらのなかつくに》（日本）につかわし、国土を治めた由来を祝う行事。絵は、その「天孫降臨《てんそんこうりん》」の様子を描いたものです。　狩野探道『天孫降臨』神宮徴古館蔵

チコちゃんちょっといい話

5月5日の「こどもの日」は、祝日法に《こどもの人格を重んじ、こどもの幸福をはかるとともに、母に感謝する》と定めてあるわ。アメリカ由来の「母の日」とは別に、自分を生んで育ててくれたお母さんに感謝する日でもあるのよ。

代表撮影／毎日新聞社提供

即位後初の「新嘗祭《にいなめさい》」が「大嘗祭《だいじょうさい》」

天皇が即位後に初めて行なう「新嘗祭」を「大嘗祭」といい、一代に一度だけの重要な儀式とされます。御代替《みよが》わりのあった令和元年(2019)にも行なわれました。

⇧11月15日に皇居で斎行《さいこう》された中心的な儀式「大嘗《だいじょう》宮《きゅう》の儀」。庭先に全国各地の特産物が並べられ、神々に披露されました。

⇨大嘗祭に先立ち、儀式で使う米を収穫する「斎田抜《さいでんぬき》穂《ほ》の儀」が、京都府南丹《なんたん》市で9月27日に行なわれました。写真提供／毎日新聞社

さらに11月の勤労感謝の日は前身が「新嘗祭」です。この日は、天皇がその年の収穫を神々に感謝する日として、祭日でした。

このように、もともとは合計8日の祭日があったそうです。この8日あった祭日がなくなってしまった訳について、所先生はこう言います。

「日本は戦争に負け、戦後、国家のあり方が基本的に変わるというか、変えざるを得なくなりました」

昭和20年（１９４５）の敗戦後、マッカーサー率いるＧＨＱ（連合国軍最高司令官総司令部）によって、祝祭日のあり方も改めるように求められたのです。

「国家の名において定める法律に、宗教的な要素を含ませてはならないということになりまして、祝日はいいけど祭日はダメだ、ということになってしまったわけです」

明治以来の国家神道が、政教分離を厳しく定める新憲法のもとで問題視されたのです。しかし、当時の日本側には従来の祭日をなくしたくないという意向が根強くありました。

「世論調査をしますと、ほとんどの国民、70～80％の人々が、明治以来の祝日も祭日も残してほしいと希望していたのです」

ＧＨＱと国民の板挟み状態だった日本政府。当時の芦田内閣は、祭日の名前はなくしても、その日取りはできるだけ残そうと、祭日を祝日に変えることにしたのです。

たとえば、3月の「春季皇霊祭」は《自然をたたえ、生物をいつくしむ》「春分の日」という祝日に。また

現在の祝日	昭和23年以前の祝祭日

赤字は祭日

- 1月1日 元日
- 1月第2月曜日 成人の日
- 政令で定める日(2月11日) 建国記念の日
- 2月23日 天皇誕生日
- 春分日(3月21日ごろ) 春分の日
- 4月29日 昭和の日
- 5月3日 憲法記念日
- 5月4日 みどりの日
- 5月5日 こどもの日
- 7月第3月曜日 海の日
- 8月11日 山の日
- 9月第3月曜日 敬老の日
- 秋分日(9月23日ごろ) 秋分の日
- 10月第2月曜日 スポーツの日
- 11月3日 文化の日
- 11月23日 勤労感謝の日

※春分・秋分の日は、閏年のみ1日前です。

- 1月1日 四方拝《しほうはい》(国家の平和や国民の平安を願う)
- 1月3日 元始祭《げんしさい》(神話の天孫降臨により日本の元が始まったという由来を祝う)
- 1月5日 新年宴会(新年の到来を祝う宮中の宴会)
- 2月11日 紀元節《きげんせつ》(初代の神武天皇が即位したと伝えられる日)
- 3月21日ごろ 春季皇霊祭《こうれいさい》(歴代の天皇や皇族の霊を祭る)
- 4月3日 神武天皇祭(神武天皇の命日と伝えられる)
- 4月29日 天長節《てんちょうせつ》(昭和の天皇の誕生日)
- 9月23日ごろ 秋季皇霊祭(歴代の天皇や皇族の霊を祭る)
- 10月17日 神嘗祭《かんなめさい》(稲穂を伊勢神宮の天照大御神に供える)
- 11月3日 明治節(明治天皇の誕生日)
- 11月23日 新嘗祭《にいなめさい》(新穀の米と粟を神々に供える)
- 12月25日 大正天皇例祭(大正天皇の命日)

収穫を祝うお祭りだった11月23日の「新嘗祭」も、《勤労をたっとび、生産を祝い、国民たがいに感謝しあう》「勤労感謝の日」という祝日にしました。

「このあたりが、戦前の伝統を踏まえながら国民の期待に応えて、なんとか日にちだけは残す、〝名を捨てて実を取る〟という日本人的な知恵を発揮した一例だと思います」

こうして現在では、全部で16日の祝日が定められているのです。

ここでひとつ気になることが。6月に祝日がないのは、なぜでしょう。

「たまたまそうだというだけのことです。たとえば6月10日の『時の記念日』(天智《てんぢ》天皇が水時計を始用した日)を祝日にするのも一案です」

ぜひ実現してほしいですね。

チコちゃんちょっといい話

祭日に行なわれていた行事は、現在でも宮中祭祀《きゅうちゅうさいし》の一部なのよ。各地の神社でも、年中行事として同じ日に祭典が執り行なわれることが多いわね。ちなみに「例祭」は、その神社に縁のある日に開催される大きな祭りのことよ。

なんで虫は夜、光に集まるの？

⇩夏になると、街灯に虫たちが集まって乱舞しているのをよく見かけます。

夜道を歩いていると、街灯とかにわーっと虫が集まってるの見るわよね。あれ、なんで？ 集会してるの？

答え：お月様と勘違いしているから

解説
国立研究開発法人農研機構
昆虫相互作用ユニット長
霜田政美さん

「街灯に集まるような虫は、月明かりを目印に自分が向かう方向を決めているんです。月に対して一定の角度を保って飛べば、月ははるか遠くにあるので、虫が大きく移動しているつもりでも、月との角度はほとんど変わりませんからね」(霜田さん)

そのため虫は、夜でもまっすぐ飛び続けることができるのです。

「ところが現代では、街にあふれる街灯や自販機など月より明るい光を、月の光と勘違いしているんです」

より近くにある明るい街灯と同じ角度を保って飛ぼうとして、虫たちはぐるぐると回ってしまうのです。

「また、虫の目では、距離感がうまくつかめません。光を一定の角度で見ようとして飛んでいき、光源を通り過ぎてしまうと、角度を修正するために光に近づいてしまう。明るいから近づくわけではないんです」

でも、迷える虫たちにとって朗報があります。虫は、電灯や蛍光灯などに含まれる紫外線に反応しますが、最近は紫外線を含まないタイプの発光ダイオード（LED）の街灯が増えました。LEDの進化で、虫たちは本来の習性を取り戻せるかもしれません。

⇨月と一定の角度を保てば、同方向へ飛び続けられます。地球から約38万4400㎞離れているので、長距離移動しても角度はほぼ変わりません。

⇩街灯などの光を通り過ぎると、角度を修正しようとします。光は近くにあるので、どんどん近づき、ぐるぐると回ってしまいます。

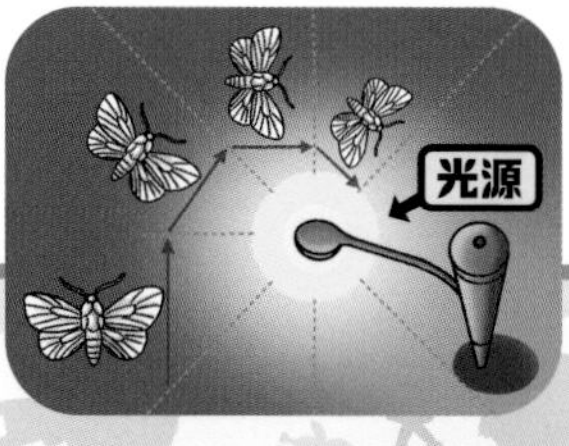

6月

**メロンって、おいしいわよね。
一年のなかで、6月がいちばん
流通量が多いんだって。
ところで、あの網目って、なに？
カバー？　飾り？　あみだくじ？**

メロンの網目ってなに？

⇧長崎県諫早《いさはや》市の小長井《こながい》地域にある「フルーツバス停」。写真のメロンのほか、イチゴ、スイカ、ミカン、トマトといった5種16基が国道207号沿いを中心に設置されています。

メロンの網目がなんなのかも知らずに、
ぽんぽんメロンを叩いては、
こっちのほうがおいしそうとか、
ちょっと知ってるからってバシバシ相方を叩いては、
今のボケはおいしくねぇなとか、
なんでも叩けばいいと思っているあなた。
甘すぎます。

たまには
生ハムといっしょに
食べたいわね。

⇦高級ブランドのメロンのなかには、1玉2万円を超えるものもあります。その網の目は細かく高く盛り上がり、神々しいまでに整っています。

写真提供／静岡県温室農業協同組合クラウンメロン支所

かさぶた

メロンの品種はいろいろありますが、日本では網目のあるマスクメロンが一般的です。

野菜園芸学を研究している藤田智教授によると、メロンの網目模様は、「コルク細胞といって、メロンの傷を治すかさぶた」なんだそうです。

メロンは、交配後しばらくは縦方向に大きくなり、卵のような形になります。このときはまだ、網目は出ていません。その後、15日くらい経つと、今度は横方向に急激に成長していきます。このとき、内側にある果肉部分の成長に皮の成長が追いつかず、皮が裂け始めます。

さすがチコちゃん！
メロンの網目の正体まで
知っているなんて、
あらゆる情報に
網をかけているね。

「皮に傷がつくと、メロンは内側からの蒸発を防ごうとして、スベリンという物質を分泌します。これがコルク状に固まり、人間でいうかさぶたの役割を果たします。網目の正体は、これなんですよ」

かさぶた、ということで、わざとメロンの皮に傷をつけてみると、ちゃんと傷をつけたとおりに網目ができあがりました。

ここで素朴な疑問が。メロンの網

ありゃりゃ、
おやじギャグに
やられちゃった

恵泉女学園大学
人間社会学部社会園芸学科
藤田 智教授

チコちゃんちょっといい話

マスクメロンの「マスク」って、網目のことだと思ってる人、多いんじゃない？　網目は「ネット」というの。ムスク（麝《じゃ》香《こう》）のように強い香りをもつことから、ムスクメロンが転じてマスクメロンっていうようになったのよ。

メロンができるまで

マスクメロンの一種「静岡クラウンメロン」は、種をまいて57〜59日後に小さい実がつき、約100日後に収穫。

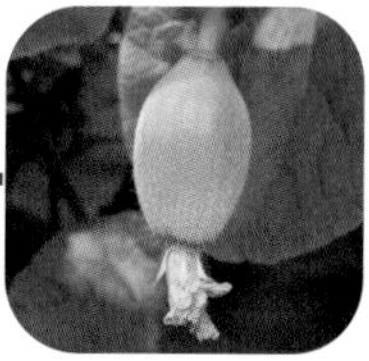

⇧実はまず縦方向に成長。そのあと、横方向に成長して丸くなっていきます。

⇧⇦だんだん大きく育つにつれて表皮が自然に割れて、傷のようになります。

⇧⇨傷は全体に広がり、その傷をふさぐように「かさぶた」が盛り上がります。

⇦マスクメロン特有の、きれいな網目模様（ネット）が全体にできました。

写真提供／静岡県温室農業協同組合クラウンメロン支所

目は、もともとついている模様ではなく、成長過程でできるもの、ということですか？

「そうなんです。しかもあの網目は、農家のかたが成長に合わせて、工夫をして、よりきれいな網目になるようにしているんですよ」

農家は温度管理や水管理を徹底することで、美しい網目になるようコントロールしているのだそうです。たとえば、水分が多すぎると太い網目（ヒルネット）ができてしまい、きれいな網目にはなりません。

メロンは、交配後15日あたりから皮の伸縮性がなくなり、硬くなります。しかし、中の実だけはどんどん成長するため、皮が裂け、ひびが入るのです。

「この中身の果肉の成長の度合いを調整することで、きれいな網目になるんですね。皮が硬くなる前に、そろそろだなと見極めをつけて水を止める。それが、農家の腕の見せどころということです」(藤田教授)

そのため、農家のかたがたは1日も休まず、毎日の様子を観察し、絶妙のタイミングで水やりをやめるなどしながら成長を調節しています。

その努力の結晶が、あのきれいなメロンの網目なのです。

「温度を調節して実を大きくし、糖度を上げます。そして水の量をコントロールすることで、成長をコントロールしてきれいな網目を作っていくということになります。どれだけ農家のかたが手間をかけているかは、網目の模様を見れば、すぐに分かるんです」

写真提供／西川農園

⇧網目ができる仕組みを利用して、熊本の西川農園と株式会社メルタが作った「お手紙メロン」。線画の絵も描くことができます。

⇧管理が行き届いていないと、網目が太くなったり、不均一になったりします。

メロンがお高いのも、納得です。では、なぜ、そんなにきれいな網目にこだわるのでしょうか。

「網目の間隔が狭くて、盛り上がっているものは、値段の高い高級メロンです」

網目の細かさが均一であるほど、メロンが正常に成長している証《あかし》なんだと、藤田教授。

「網目を見てください。これ、セクシーなんですよ。セクシーな網タイツをはくのと、セクシーでもない網タイツをはくのと、どっちがいいと思います？」

それはもちろん…。ともあれ、より美しくセクシーなほうが、手間がかかっていて、味もいいということなんですね。

7月

蚊取り線香って、どんな形してる？
なんかぐるぐるしてて、目が回りそうよね。
あの渦巻きって、なに？
ラーメンのナルトじゃないわよ！

蚊取り線香の渦巻きって、なんの形？

蚊取り線香の渦巻きが
なんの形なのかも知らずに、
刺されたら爪でバッテンつけると
かゆくなくなるよ、とか
私、蚊にはよくモテるのよね、とか
なんの根拠もないことを言いながら
毎年毎年、蚊に刺されている日本人の
なんと多いことか。

風呂敷の唐草模様
じゃないの？

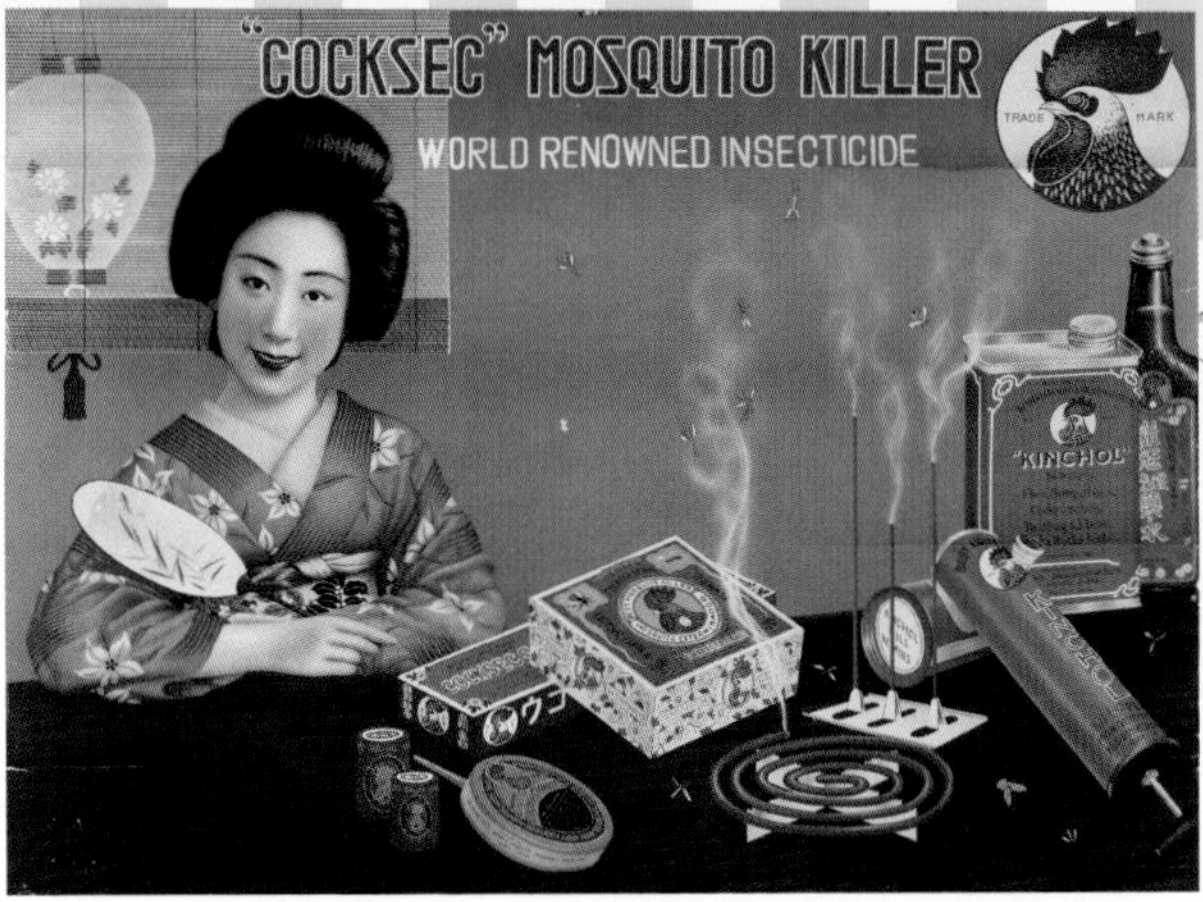

⇧昭和５年(1930)～昭和15年(1940)頃の、蚊取り線香の英語版ポスター。第二次世界大戦前、すでに世界中に輸出され、ほかにもロシア語、中国語、ポルトガル語版などのポスターが製作されました。

とぐろを巻いたヘビ

蚊取り線香で目がぐるぐる回ったとか、蚊取り線香立てにさすのを失敗して折ってしまったとか、みなさんいろいろ夏の思い出はあるかと思います。そんな蚊取り線香ですが、どうしてあんな渦巻きの形をしているんでしょうか。

詳しく教えてくださるのは、蚊取り線香の発明者のひ孫で、蚊取り線香メーカーの専務、上山《うえやま》久史さん。

「私のひいおじいさんで、当社の創業者、上山英一郎が発明した渦巻き型蚊取り線香は、今や世界中のかたがたに使っていただいています」

蚊に刺されることで命に関わる感染症にかかる心配のある国々で、蚊取り線香は欠かせないものとなりました。英語で蚊取り線香は「モスキートコイル」。モスキートは蚊、コイルは渦巻き状のものですから、渦巻き型の蚊取り線香が海外でも定着していることが分かります。

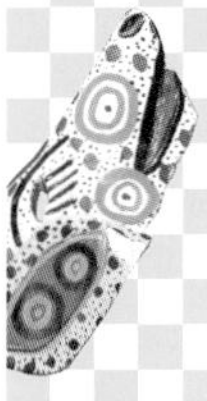

大日本除虫菊株式会社 専務
上山《うえやま》久史さん

⇧世界初の蚊取り線香「金鳥香」。仏壇に供える線香の製造法を利用して明治23年（1890）に発売されました。

⇨除虫菊《じょちゅうぎく》は地中海沿岸が原産。

⇦上山英一郎（1862〜1943）。明治19年（1886）、除虫菊の種子をアメリカの植物輸入商を通じて入手し、栽培を始めます。

そもそも、なぜ蚊取り線香は蚊をやっつけることができるのでしょう。

「蚊取り線香にはピレトリンという虫を殺す成分が入っています。その原料は、シロバナムシヨケギクという植物なんです」

この花は除虫菊《じょちゅうぎく》とも呼ばれ、ヨーロッパでは14世紀頃からノミやダニを退治するノミ取り粉の原料に使われていました。この除虫菊が日本に入ってきた明治時代、英一郎さんは積極的に栽培、ノミ取り粉を発売し、大ヒットさせたのです。

「曾祖父はさらに、除虫菊の虫を殺す成分ピレトリンが、ノミやダニだけではなく、飛び回る蚊にも効かないか、研究を始めました。その結果、線香にして焚《た》くことで、蚊をやっつけられることを発見したのです」

蚊取り線香を燃やすと、熱でピレトリンが気化します。それが煙によって空気中に広まり、飛び回る蚊をやっつけることができたのです。

「今でこそ、この渦巻き型の蚊取り線香は当たり前ですが、この形になって商品化するまでには、長い年月がかかったんです」

上山さんによると、英一郎さんが発明した最初の蚊取り線香は、仏壇のお線香と同じでまっすぐな棒状だったそう。長さ20㎝で、燃え尽きるまでの時間は約40分でした。しかも煙が少ないため、一度に3本使わないと効果が出ませんでした。

そこで英一郎さんは、どうすれば蚊取り線香が長持ちするのか、材料の配合や太さを変えるなど試行錯誤を重ねました。

チコちゃん ちょっといい話

「金鳥」というのは、上山英一郎さんが座右の銘としていた「鶏口牛後」（中国の史書『史記』に書かれている言葉で、牛の尻尾のように誰かの後ろからついて生きるより、小さくとも鶏のカシラになるべし）に由来するんだって。

長くしてみたもののやはり折れやすく、さらには、ちょっとした風などで火が付いたまま倒れてしまい、けっして安全とはいえませんでした。

　棒状の蚊取り線香の発売から5年が過ぎた明治28年（1895）のある日のこと。妻のゆきさんが、とぐろを巻いたヘビがいるのを見て、線香もこんなふうに渦巻き状にしたらどうかと提案します。長いものは巻いてしまえばいい、というわけです。

　ところが、実際に粘土状の線香の材料を渦巻き型に巻いていくと、ある程度すき間をあけて巻かなくてはならず、形をそろえるにはけっこうな手間がかかります。

　そこで英一郎さんは木型を作ってみました。しかし、材料が乾いて硬くなるまで型から外せず、大量生産するには木型が大量に必要になるため、現実的ではありませんでした。

　そんな試行錯誤の末、思いついたのが、2本同時に巻くこと。うどん状の線香の材料を、軸を中心にして2本一度に巻いて、乾燥させてから2本をはがせば、均一のすき間を持った同じ渦巻き型の線香ができることを発見したのです。

　ただ、板の上で乾かすと、板に張り付いてしまって、はがすのが大変でした。そこで、蚊取り線香を網の上で乾かしたところ、見事大成功。ヘビのとぐろのアイデアから7年。長さ60㎝、燃焼時間約6時間の渦巻き型蚊取り線香が完成しました。

　こうして合理的に量産できるようになった渦巻き型蚊取り線香は、世界中へ広まっていったのです。

⇧⇦とぐろを巻いたヘビ(左)から着想を得て、渦巻き型の木型が試作されました。

⇧明治35年(1902)に発売された、世界初の渦巻き型蚊取り線香。

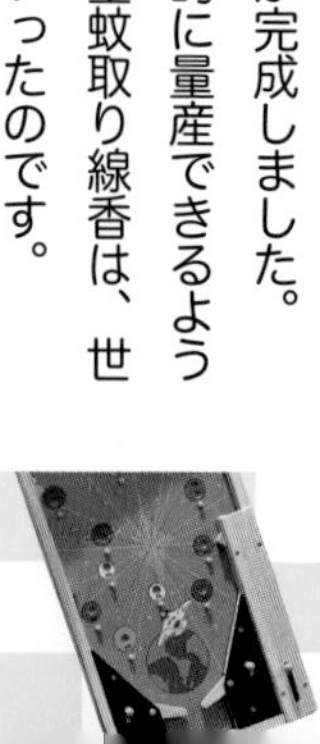

8月

お盆休み、お盆の縁日、
盆踊り、盆の帰省ラッシュ…。
夏も盛りになると、みんな
ボンボンいってるけど、
「盆」ってそもそもなんなの？
太鼓の音？

お盆の「盆」ってなに？

食べものをのせる
お盆でしょ！

お盆の盆がなんなのかも知らずに、
やれお盆で渋滞だの
各地のお盆の様子をお伝えしますだの、
お盆のニュースを
ボンボンボンボン伝えている
NHKアナウンサーのなんと多いことか。

答え 逆さづり

曹洞宗富士山宝林寺
住職 千葉公慈《こうじ》さん

お盆について、お寺の住職で東北福祉大学の学長でもある千葉公慈《こうじ》さんが教えてくださいました。

「お盆の盆は、盂蘭盆《うらぼん》という言葉を略したものです」

略すって、どんなふうに？

「盂蘭盆、うらぼん、ぅぼ…、お…ぼん、お盆！ という具合ですね。盂蘭盆という言葉は、『仏説盂蘭盆経』というお釈迦様の教えを説いた物語由来との説があるんです」

千葉さんによると、盂蘭盆とは、古代インドの言語サンスクリット語の「ullambana（ウランバナ）」に、漢字を当てはめたものとのこと。

「ullambanaのulは逆さという意味の接頭辞、言葉の頭につく文字です。lambanaはつるされるという動詞の名詞形です。合わせて、ウランバナの意味は逆さづり、と伝統的に解釈されています」

なんだか不穏な響きの言葉ですが、いったいどういうことなんでしょう。

まんが インド昔ばなし

逆《さか》さづり

作画：遊佐かずしげ

❶昔むかしのことじゃった。お釈迦様の弟子に、目連《もくれん》という、それはそれはよくできた僧がおったそうじゃ。

❷ある日のこと。目連は亡くなったおっかあがどうしているのかが気になり、あの世をのぞいてみることにした。

❸極楽浄土をのぞいてみても、おっかあの姿は見当たらない。恐るおそる暗闇をのぞいてみた目連…。

❹すると「目連、助けておくれ〜」。目連のおっかあは地獄のような場所で、逆さづりにされておったそうな。

チコちゃんちょっといい話

お盆にきゅうりやなすで動物を作るでしょ。あれは精霊馬《しょうりょううま》といって、ご先祖様用の乗りものなの。きゅうりは、あの世から早く帰ってこられるように足の速い馬。なすは、少しでも帰りが遅くなるようにのっそりと歩く牛に見立てているのよ。

⑤するとお釈迦様は「目連よ、母を助けたければ、僧侶たちの修行が終わる7月15日に、たくさんの食べものをお供えして、お経を読んでもらいなさい」と言った。

⑥「そうすればおまえの母親は、地獄の苦しみから救われるでしょう」

⑦目連がお釈迦様の言うとおりにしたところ、差し出されたごちそうを前に…

⑧僧侶たちは、それはそれはノリノリでお経を読み始めた。

⑨すると、逆さづりにされていたおっかあの足から、ひもがはずれた。

⑩おっかあはあの世で菩薩《ぼさつ》となり、幸せに暮らしたそうな。めでたし、めでたし。

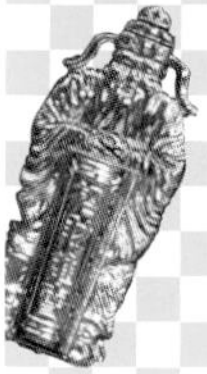

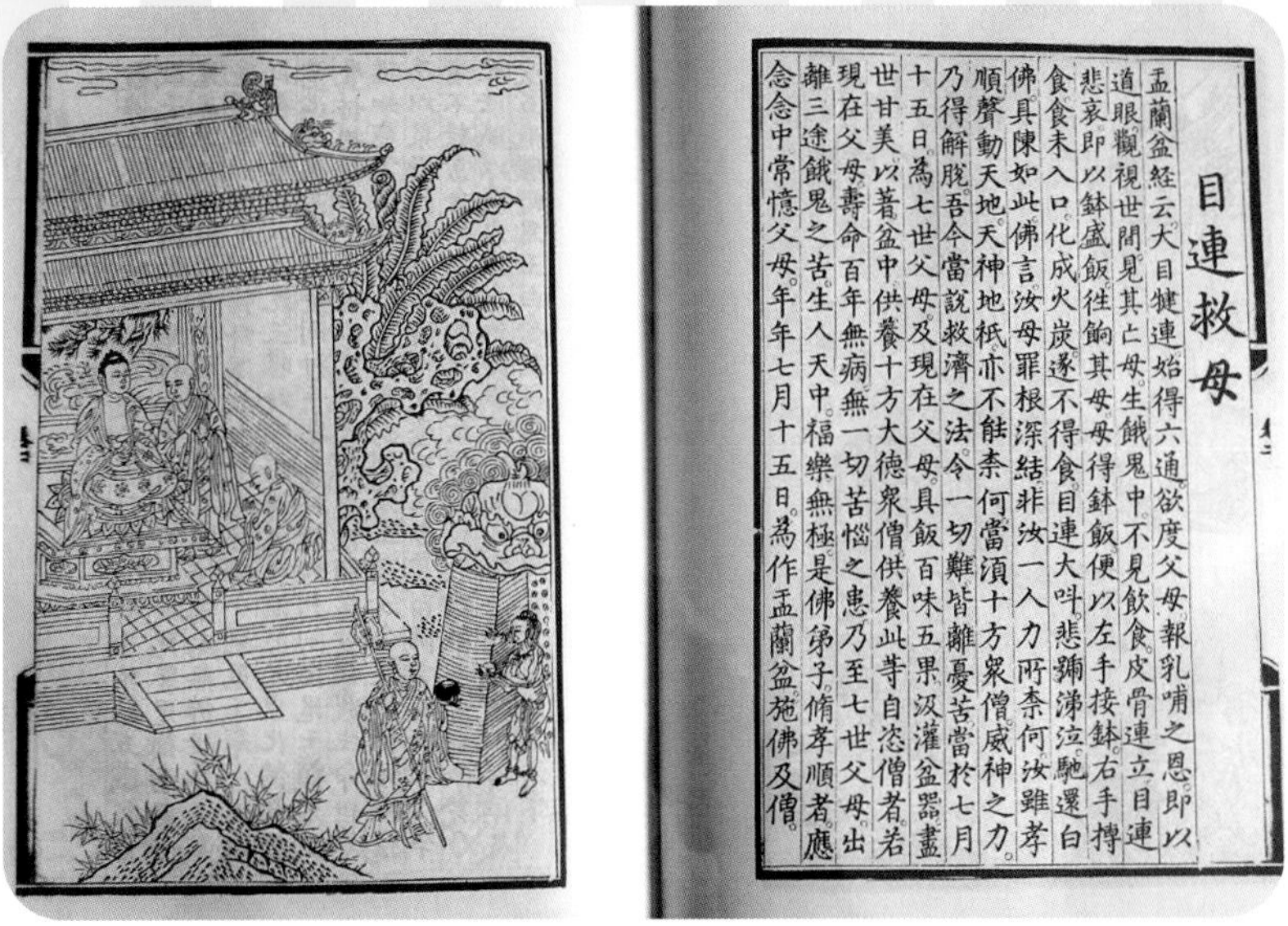

目連救母

盂蘭盆經云大目犍連始得六通欲度父母報乳哺之恩即以道眼觀視世間見其亡母生餓鬼中不見飲食皮骨連立目連悲哀即以鉢盛飯往餉其母母得鉢飯便以左手接鉢右手摶食食未入口化成火炭遂不得食目連大叫悲號涕泣馳還白佛具陳如此佛言汝母罪根深結非汝一人力所柰何汝雖孝順聲動天地天神地祇亦不能柰何當須十方衆僧威神之力乃得解脱吾今當説救濟之法令一切難皆離憂苦當於七月十五日為七世父母及現在父母具飯百味五果汲灌盆器盡世甘美以著盆中供養十方大德衆僧供養此等自恣僧者若現在父母壽命百年無病無一切苦惱之患乃至七世父母出離三途餓鬼之苦生人天中福樂無極是佛弟子脩孝順者應念念中常憶父母年年七月十五日為作盂蘭盆施佛及僧

⇧中国で翻訳された『盂蘭盆経』。目連が母を救うエピソードが描かれています。

⇨中国では絵物語としても描かれていて、目連の母親は地獄の餓鬼道に落ちたという設定です。我が子を愛するあまり、よその子に対して物惜しみをしたせいだとされています。

「以来、仏教の世界では、7月15日を盂蘭盆会《うらぼんえ》と呼んで、ご先祖様を供養する日としたんです。これが今でも行なわれている、お盆の始まりです」（千葉さん）

ちなみに、夏に行なわれる盆踊り。これは、目連の母と一緒に救われた大勢の死者たちが、手を挙げ、喜んだ姿を踊りに見立てた喜びの舞なのだそう。けっしてゾンビダンスなんかじゃありませんよ。

諸説ありります

「お盆」の由来

◆『盂蘭盆経』は中国から伝わったため、中国の「中元節《ちゅうげんせつ》」と混ざって日本に伝わったともいわれています。

◆イラン語で「死者の魂」を意味する言葉「ウルバン」が由来という説もあります。

チコちゃんちょっといい話

もともとお盆は旧暦7月15日だったんだけど、明治6年（1873）に新暦に変わった際、新暦7月だと農繁期で忙しすぎてお盆行事ができないという地域が出てきたの。そういうところでは新暦8月15日にお盆行事をするようになったのよ。

コウモリやナマケモノは、なぜ逆さでも平気なの？

逆さづりって、まさに地獄の苦しみだけど、あえて逆さまになって生きている動物がいるわね。

⇦沖縄や台湾などに分布しているオリイオオコウモリ。体長20㎝、体重300g程度で、おもに果実類を食べます。

⇨フタユビナマケモノは、中央アメリカから南アメリカの熱帯雨林に分布。体長60㎝、体重5㎏程度で、おもに木の葉や木の芽、果実などを食べます。

人間が逆さまになると、大量の血液が頭部に流れ込むため頭痛が起きて苦しくなります。ところがコウモリやナマケモノは、長時間逆さまになっていても、なぜ平気でいられるのでしょうか。

コウモリの場合は、体がとても軽く、血液が少ないから。重力が血液に影響するほどの体重がないからだといわれています。筋肉もあまりなく、脚の特殊な腱《けん》で長時間ぶら下がっています。

ナマケモノは、逆さまで木の間を動くときも非常にゆっくりなので、中耳《ちゅうじ》にある体液が常に安定した状態に保たれ、めまいを起こすことはないのだそうです（『ナショナルジオグラフィック』のニュース2015年9月2日）。また内臓が肋骨《ろっこつ》に固定され、逆さまでも肺を圧迫しないようになっているとした研究論文も発表されています。

どちらも逆さにぶら下がることで、地上や空の天敵から逃れています。そのために独特な生態と体の仕組みを身につけたのです。

9月

**中秋《ちゅうしゅう》の名月なんていうわね。
お月様にはうさぎがいるっていうけど、
なんで？　月で餅をつくため？
月はうさぎの餅つき場なの？**

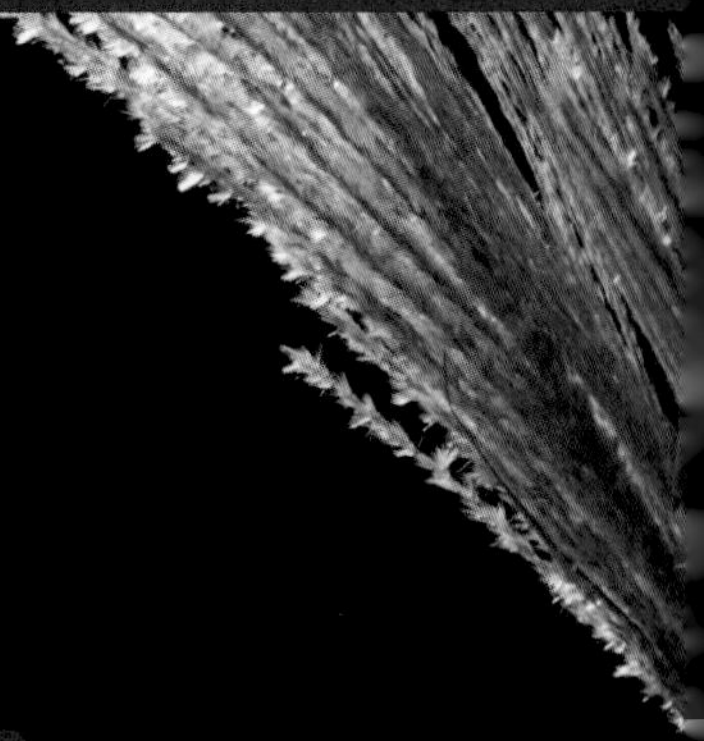

月にうさぎがいるのはなぜ？

なぜ月にうさぎがいるのかも知らずに
お月見といいながら、
お供えしたお団子ばかり見ている
日本人のなんと多いことか。

⇧インドネシアのボロブドゥール寺院遺跡の浮き彫りに描かれた『ジャータカ』の一部。猿、犬、かわうそ、そしてうさぎがいます。

うさぎは自分を犠牲にしてでも人を救おうとする美しい心の持ち主だったから

詳しく教えてくださるのは、またまた千葉公慈さん。ちばこうじを略して、最近は通称「ちこちゃん」と呼ばれているのだとか。

「月にうさぎがいるというイメージは、月の表面の模様がうさぎの姿に見えることから、そう思っているかたが多いと思うのですが、その考え方は、じつは後付けなんです」

確かに、古くから日本では月の模様はうさぎが餅をつく姿だと言い伝えられてきました。しかしそういわれるようになったのには、模様ではなく、別の理由があると、千葉さんは言います。

「じつはインドにもともとあった『ジャータカ』という仏典の、ある深～い物語が始まりといわれているんです」

まんが インド昔ばなし

月のうさぎ

作画：遊佐かずしげ

❶昔むかし、あるところにうさぎと猿と犬とかわうそが、4匹仲良く暮らしておったそうじゃ。

❷ある満月の夜、みんなで腹ごしらえをすることになった。うさぎはみんなにこう言った。「大切な食べものでも、困っている人がいたら分け与える優しい心を忘れぬようにね」

❸そうして猿は木からマンゴーを、犬は落ちていた肉を、かわうそは川で魚を見つけたそうな。

❹しかしうさぎが見つけられたのはただの草。「私にとっては大好物な草だけど、きっと誰も草なんて食べたくないわよね」。うさぎは困った。みんなに分け与える心を忘れぬようにと自分が説いたのに、誰からも喜ばれないものしか集められなかったのじゃ。

『ジャータカ』は紀元前3世紀頃のインドの民間伝承などに仏教的な要素を加えて成立。仏教の広まりとともに世界各地に伝えられて、『イソップ物語』や『アラビアン・ナイト』、日本の『今昔物語』なども影響を受けたといわれているのよ。

❺そんな頃、猿のもとにお腹を空《す》かせたひとりの修行僧が現れた。「すみません…そこのあなた…なにか食べものをくれませんか」。猿はうさぎの言葉を思い出し、「ちょうどよかった、おいしいマンゴーが取れたのです、よかったらこれをどうぞ」と持っていたマンゴーをすべて差し出した。「どうもありがとう、本当に優しい心をお持ちなんですね」

❻そののち、修行僧は犬から肉を、かわうそから魚をもらい、最後にうさぎのもとを訪ねたそうな。「なにか食べものをくれませんか」。うさぎは答えた。「もちろんです。では火をおこしてくださいますか」

❼修行僧が薪《まき》を集めて火をおこすと、うさぎはこう言ったそうな。「これから私はこの火の中に飛び込みます。私の体が焼けたら、この肉をどうぞ召し上がってください」

❽修行僧が引き止める間もなく、うさぎは火の中へ飛び込んでしまったのじゃ。

⑨ところが、「あれ、ぜんぜん熱くない。これはいったい」。うさぎが不思議に思ったその瞬間…。

⑩「ほっほっほっほ！　その火は偽物の火なのです」。修行僧に光が差したかと思うと、次の瞬間、そこに立っていたのはなんと仏教の神、帝釈天《たいしゃくてん》じゃった。「じつは私は、みなさんの心を試すため、修行僧の姿になって天から降りてきたのです」

⑪「うさぎよ。あなたの自分の身を投げ出しても人を救おうとするその美しい心に、私はたいへん感動いたしました」。うさぎの行ないに感動した帝釈天は、このことを後世にも伝えたいと、月にうさぎの絵を描いたそうな。
めでたし、めでたし。

チコちゃんちょっといい話

日本では餅つきうさぎだけど、場所によって月の模様の見え方はさまざま。中国では薬を作るうさぎ、モンゴルでは犬、インドではワニ、アラビアではライオン、ドイツでは薪をかつぐ男、インドネシアでは編み物をする女性などだそうよ。

⇨長崎の中華街で2月に行なわれる「ランタンフェスティバル」では、月で餅をついているうさぎのランタンが登場します。

⇧福島県会津若松市の中湯《なかゆ》川《がわ》人形。うさぎが月で餅つきをしている土人形です。

こんな切なくも考えさせられるお話が、背景にあったのですね。

「じつは『ジャータカ』という仏典は、お釈迦様が悟りを開かれる以前に、様々なお姿になって修行をしていたときの逸話を集めたものなんです。このうさぎは、お釈迦様の前世のお姿といわれているんです」（千葉さん）

この物語が仏教の伝来とともに中国、日本へと伝わり、月の模様はうさぎであるという言い伝えが定着していったのです。では、うさぎが餅をつく姿だといわれているのは、どうしてなんでしょうか。

「それは、日本に入ってからつけられたイメージだと考えられています。日本人にとって、お米は五穀豊《ごこくほう》穣《じょう》のシンボル。お米で作ったものを神様に供物《くもつ》として差し出すという風習がありましたから、それが自然に結びついていったのでしょう」

日本では古来、太陽や海、山、滝など、自然界の様々な現象やものを神様として祀《まつ》ってきました。月もまた神様であり、お月見のときには米で作った団子を月に供えてますよね。

「でもってまた、満月は望月《もちづき》っていいますよね。ですから、もちづき、もちづき、もちづき、もちづき…もちつき、もちつき…お餅つき、となったという説もあるんですよ」

というわけで、今度、月を見上げるときには、うさぎの美しい心を思い出してみてくださいね。

10月
その①

みんな、運動会って知ってるわよね？
かけっことか、綱引きとか、玉入れとか、
いい汗流して盛り上がるわよね。
じゃあさ、なんで運動会ってするの？

そもそも運動会をやることになったのはなぜ？

なぜ運動会をやるのかも知らずに、
やれ「宣誓、我々はスポーツマンシップに則《のっと》り」
だの、「正々堂々と戦うことを誓います」だの、
大きな声で当たり前のことを言っている
日本人のなんと多いことか。

兵隊さんがグレないため

詳しく教えてくださるのは、運動会の歴史を研究して60年という木村吉次《きちじ》先生。

「日本で初めて行なわれた学校行事としての運動会は、海軍兵学寮で行なった競闘遊戯《きょうとうゆうぎ》です」

⇧明治43年(1910)に行なわれた、横浜電線製造という会社の運動会の様子を写した絵葉書。明治時代の後半には学校だけでなく、商家や工場で働く人々のために、職場単位での運動会が盛んになったそうです。 横浜開港資料館蔵

⇧海軍兵学寮は明治２年(1869)に海軍操練所として創設。明治９年(1876)には海軍兵学校と改称されました。 国立国会図書館蔵

最初に運動会が行われたのは明治時代。兵隊さんの将校養成学校、海軍兵学寮でのことでした。当時のカリキュラムは、教室で学ぶ座学ばかり。というのも、当時の日本にはスポーツという概念はほとんどなく、体育も馬術や武道だけ。体を動かす機会が少なかったのです。

その状況を見て、当時の顧問団団長だったイギリス海軍のアーチボルド・ルシアス・ダグラスさんは心配になりました。

中京大学 名誉教授
木村吉次《きちじ》先生

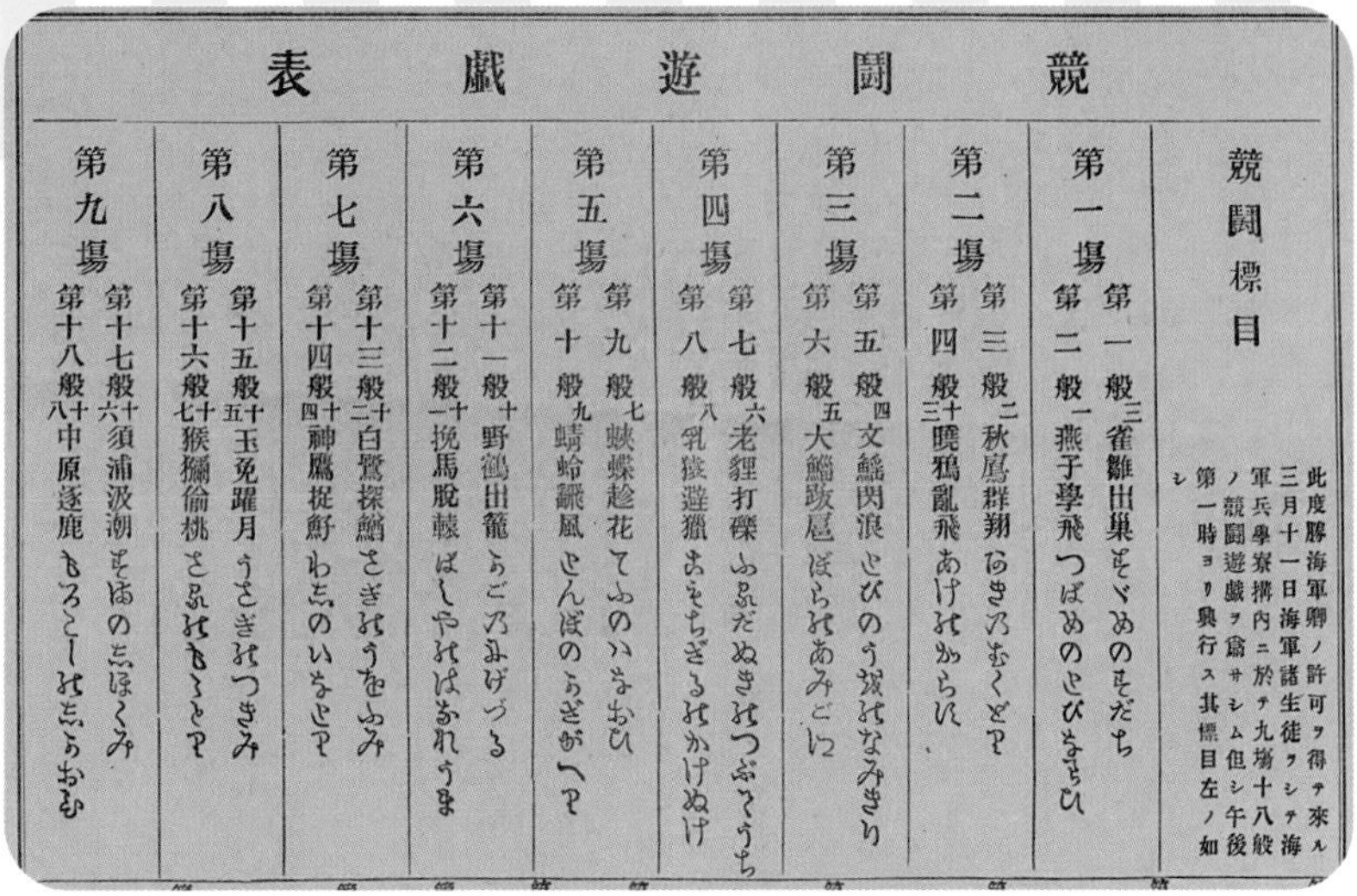

競闘遊戯表

競闘標目

此度勝海軍卿ノ許可ヲ得テ來ル三月十一日海軍諸生徒ヲシテ海軍兵學寮構内ニ於テ九場十八般ノ競闘遊戯ヲ爲サシム但シ午後第一時ヨリ興行ス其標目左ノ如シ

第一場
第一般 三 雀雛出巣 すゞめのすだち
第二般 一 燕子學飛 つばめのとびならひ

第二場
第三般 二 秋鳥群翔 あきのむくどり
第四般 十三 曉鴉亂飛 あけがらす

第三場
第五般 四 文鰩閃浪 とびのうをなみきり
第六般 五 大鰡跋扈 ぼらのあみごえ

第四場
第七般 六 老狸打礫 ふるだぬきのつぶてうち
第八般 八 乳猿遊獵 おさなざるのかけぬけ

第五場
第九般 七 蛺蝶趁花 てふのはなおひ
第十般 九 蜻蛉飄風 とんぼのかざがへり

第六場
第十一般 十 野鶴出籠 かごのぬけづる
第十二般 十一 挽馬脱韁 ばしやのはなれうま

第七場
第十三般 十二 白鷺探鮨 さぎのうをふみ
第十四般 十四 神鷹捉鰐 わしのいをとり

第八場
第十五般 十五 玉兎躍月 うさぎのつきみ
第十六般 十七 猴猻偸桃 さるのももとり

第九場
第十七般 十六 須浦汲潮 すまのしほくみ
第十八般 十八 中原逐鹿 もろこしのしかおひ

「座学だけで気分がうつうつとしてくると、よくない遊びに走るかもしれない」

そこでダグラスさんは、学生たちのストレスを発散させるために運動することを勧めました。そして開催されたのが、日本で初めての運動会「競闘遊戯」だったのです。英語でいうところのアスレチックスポーツですね。

当時のプログラムが残っていたので見てみましょう。

●第1種目「すずめのすだち」
●第2種目「つばめのとびならひ」
●第3種目「あきのむくどり」

⇧明治7年（1874年）に海軍兵学寮で開催された「競闘遊戯」の種目表。右から「すずめのすだち」「つばめのとびならひ」…とあります。国立公文書館蔵

⇨アーチボルド・ルシアス・ダグラス（1842〜1913）は、海軍兵学寮の教育者として、1873年から3年間日本に滞在しました。

The Douglas Archives

……なんの種目か、さっぱり分かりません。

英語のプログラムを見てみると、どうやら「すずめのすだち」は140m走のようです。普通に140m走とせず、なぜこのような種目名になったのか、知りたいところです。

「イギリス人教師たちがプログラムを作りましたので、英語の名前が最初にあったんですね。しかし問題はこれをどう翻訳するか、でした」

チコちゃんちょっといい話

江戸時代までは、右手右足、左手左足と、同じ側を一緒に出して進んでいたといわれているの。明治時代の体育の授業で、今のような同じ側の腕と足は前後に振り分けて進む、西洋式の歩き方や走り方に変えられたという説があるのよ。

第1回競闘遊技の種目

〈1ヤードは約 0.914 m〉

①すずめのすだち（12歳以下の150ヤード徒競走）
②つばめのとびならひ（15歳以下の300ヤード徒競走）
③あきのむくどり（16歳以上の600ヤード徒競走）
④あけのからす（300ヤード障害走）
⑤とびのうをのなみきり（幅跳び）
⑥ぼらのあみごえ（高跳び）
⑦ふるだぬきのつぶてうち（球投げ）
⑧こもちざるのかけぬけ（おんぶ競走）
⑨てふのはなおひ（二人三脚）
⑩とんぼのかざがへり（棒高跳び）
⑪かごのにげづる（競歩）
⑫ばしゃのはなれうま（目隠し競争）
⑬さぎのうをふみ（三段跳び）
⑭わしのいなとり（豚追い競争）
⑮うさぎのつきみ（立ち三段跳び）
⑯さるのももとり（卵拾い競争）
⑰すまのしほくみ（水桶運び競争）
⑱もろこしのしかおひ（豚追い競争）
※⑭で勝負がつかなかった場合は⑱を行なう。

木村先生によると、当時、日本にはまだ１４０ｍ走という言い方はなかったそうです。そこで日本人の教官たちが知恵を絞りました。

「ただ翻訳するといっても、おもしろい名前をつけよう、と思ったんですね」

「すずめのすだち」は12歳以下の最年少の生徒たちが走る種目でした。

だから、幼いすずめが巣立つというイメージから名づけられたと思われます。では「ふるだぬきのつぶてうち」は？

「たぬきが石を投げるイメージから、球投げですね」

球投げが、たぬきを連想させるとは思いもよりませんでした。さらに、「こもちざるのかけぬけ」は？

⇨千葉県マザー牧場の「こぶたのレース」。豚追い競争は、こんなイメージ？　写真提供／マザー牧場

「年下の生徒をおんぶして競走する競技です」

なるほど、おんぶ競走ですね。ほかにも「とんぼのかざがへり」は棒高跳び、「とびのうをのなみきり」は幅跳び、「さぎのうをふみ」は三段跳びなど、おもしろい競技名が盛りだくさん。この大会を楽しく盛り上げようという、日本人教官の熱意が見て取れます。

開催したことで、学生たちが非行に走らないようになったかどうかは定かではありませんが、大盛況に終わったようです。

最初の競闘遊戯から2年後の明治9年（１８７６）、第2回競闘遊戯が行なわれました。でも、そのときの種目名は、すでに変わっていたようです。

⇧戦後、学校の運動会で大流行したのがフォークダンス（写真は1951年、東京）。児童だけでなく、父母を交えて盛んに行なわれました。

写真提供／毎日新聞社

⇨明治27年(1894)の陸軍幼年学校での運動会を描いた絵。手前が体操、左上は棒高跳びです。

画像提供／ジャパンアーカイブス

「すずめのすだち」や「つばめのとびならひ」は平らな部分を走るということで「平がけ」と呼ばれるように。「ふるだぬきのつぶてうち」は「まり投げ」。「こもちざるのかけぬけ」は競技そのものがなくなります。

おもしろいネーミングが変わって、よかったのか悪かったのか。今でいう遠投が「ふるだぬきのつぶてうち」のままだったら、オリンピックとかで少し恥ずかしかったかも？

ともあれ、大成功した海軍兵学寮の競闘遊戯に目をつけたのが、初代文部大臣の森有礼《ありのり》でした。森文部大臣は、全国の学校に運動会を奨励。その際に導入されたのが、兵式体操でした。

兵式体操とは、軍隊式の集団訓練を通して、愛国の士気を高めることを目的とした体操のこと。軍隊のような動きを取り入れて、規律や秩序を守る人間を育てようとしたのです。現在の小学校などの体育の授業で行なう「気をつけ」「前へならえ」「全体前に進め」などはその名残り。

昭和に入り、日本が戦争に突き進むと、運動会は軍事色を強め、種目にも「爆弾輸送」「爆弾三勇士」など、より戦争をイメージした名前がつけられるようになりました。

しかし、平和な時代が訪れると、軍事色の濃い種目や訓練的な種目はなくなり、今の運動会となっていきました。

もともとは兵隊さんのためだった運動会。今では、みんなの共通の思い出を作る幸せな空間となっています。平和な時代でよかった〜。

チコちゃんちょっといい話

1961年に10月第1土曜日を「スポーツの日」に制定、'64年から東京オリンピック開会式の10月10日が「体育の日」という祝日に。2000年から10月第2月曜日に変更され、2020年に「スポーツの日」の名称に戻したのよ。

なんで街路樹はイチョウが多いの?

イチョウ並木がきれいな名所って、たくさんあるわよね。じゃあさ、なんで街路樹って、イチョウが多いか知ってる? 秋になるときれいだから? ギンナンが拾えてうれしいから?

⇦東京・外苑前のイチョウ並木。関東大震災のあとに200mにわたって植栽され、晩秋は黄金に色づきます。

答え:火に強い木だから

解説 福井県立大学 学長 進士五十八《しんじいそや》先生

「イチョウはほかの木に比べて葉も幹も水分が多いため、火事に強い木なんですよ」(進士《しんじ》先生)

そもそも、東京で街路樹を植え始めたのは明治時代初期。ヨーロッパなどの街を参考に、銀座に桜や松、柳を植えましたが、土が合わなかったり、手入れがうまくいかなかったりで、なかなか育ちませんでした。

美観が重視されるなか、のちに近代公園の先駆者と評価される長岡安《やす》平《へい》(当時は東京市の公務員)は、防災面でも重要な街路樹には火防にもなるイチョウを植えるべきだと強く提唱。しかし、当時の日本では軍備に多くの費用を割いていたうえ、外来種がもてはやされていました。

しかし、大正12年(1923)に関東大震災が発生。東京の6割以上の街路樹が焼失しましたが、イチョウが延焼を防いだ事例が多く見られたのです。長岡の主張は立証され、東京ではその後、新たに植える街路樹はイチョウになったのです。

「長岡さんは自らたくさんのイチョウの苗木を育ててくれていました。おかげで震災の復興事業もスムーズに進んだのです」

長岡の思いは全国に広まり、今は各地で黄金色のイチョウ並木を楽しむことができるようになりました。

⇧明治7年(1874)の銀座を描いた錦絵。桜や松が植えられています。歌川広重《うたがわひろしげ》(3世)『東京名所銀座通り煉化石《レンガセキ》商家繁栄之図』。東京都立図書館蔵

10月 その②

日本でもすっかり定着したハロウィーン。
仮装してお出かけする人も多いわよね。
でも、なんで仮装するの？
お化けと仲良くなるため？

ハロウィーンはなぜ仮装する？

堂々と
コスプレできる日
だから？

仮装の意味を知らぬまま
思い切って仮装したものの、
家に帰る途中、
周囲の視線に耐えられなくなり、
寂しく駅のトイレで着替える人が
いるとかいないとか。

⇧ハロウィーンの仮装パレードは、毎年のように話題となります。しかし本来の意味を理解している人はいるのでしょうか？

死者になりきるため

日本記念日協会が発表した2019年のハロウィーンの市場規模は1155億円。バレンタインデーに匹敵する市場規模を打ち出し、今やすっかり日本に定着した輸入イベントのひとつです。

10月31日のハロウィーン当日ともなると、仮装した人たちが街にあふれ、交通整理のためのDJポリスまで出動するにぎわいになります。

そんなハロウィーンの仮装は、けっこうフリーダム。アニメのキャラクターだったり、かわいいナースだったり、芸能人のものまねをしている人なんかもいますよね。

でも本来は、「死者になりきるため」の仮装のようです。詳しく教えてくださるのは、古代ヨーロッパから続くケルト文化の歴史と民俗学を研究する鶴岡真弓教授。

「ハロウィーンのルーツは、2000年以上前にヨーロッパで古い文明を

Photo by Getty Images

⇧アイルランドでのサウィン再現イベント。駐日アイルランド大使ポール・カヴァナさんによると、死者の魂は、幽霊や妖精、ゴブリン、悪魔などの姿をしており、彼らが家に戻ってきたときに機嫌を損ねないよう、当時の人々は食べものや飲みものを出し、自らも不気味な仮装をして身を隠していたのだそうです。

●古代ケルト世界

⇧ケルト文化の人々はヨーロッパに広く分布していました。しかしローマ人に圧迫されて、アイルランドやスコットランドなどに残るだけになりました。

築いたケルト文化の人々の、伝統の行事サウィン、万霊節《ばんれいせつ》にさかのぼるんです」

　今から約2700年前の古代ヨーロッパには、ケルト文化を築いた民族がいました。彼らの暦では、10月31日はサウィン（万霊節）といって、一年の終わりの日でした。日本でいう大晦日《おおみそか》です。翌日の11月1日からが、一年の始まりとされていました。

「サウィンの夜は、年に一度、私たちが生きている〈この世〉と、死者たちが住む〈あの世〉とをつなぐ扉が開いて、ご先祖様や死者たちの霊が家に帰ってくると考えられていたのです」

　お盆、あるいは、お正月の年神様《としがみさま》をお迎えするような、一年でいちばん大切な祝日なのです。

　現在もサウィンを再現したイベントは、アイルランドやスコットランドなどで行なわれています。儀式を再現する人たちは、仮装よりも重要な伝統を守っています。

　そもそも、サウィンとは、これから始まる寒い冬を乗り切るパワーをもらうため、ご先祖様や死者を供養し、祈りを捧げる厳かな夜でした。

　ではなぜ、このサウィンが今のハロウィーンになったのでしょうか。

「歴史的に大きな影響を与えたのが中世キリスト教です。キリスト教が広まった中世ヨーロッパでは、ケルトの慣習は異教とみなされていきました」

　しかしサウィンは土台として根付いており、やがてハロウィーンになっていったと、鶴岡教授は言います。

チコちゃんちょっといい話

サウィンでは、ケルトの司祭が火を焚《た》いて、そのまわりでお祈りして牛などの動物の骨を燃やしたんだって。そこから、英語では浄《きよ》めのかがり火や焚火《たきび》のことを「bonfire（ボンファイア、骨の火）」というのよ。

アイルランドでのハロウィーン

© National Museum of Ireland（右、下）

●カブをくりぬいたランタン
⇧カボチャのランタンは愛嬌がありますが、こちらはかなり不気味。エイリアンにも見えます。

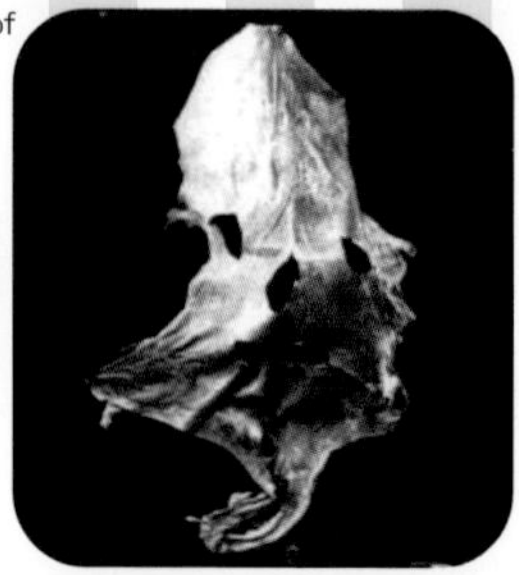

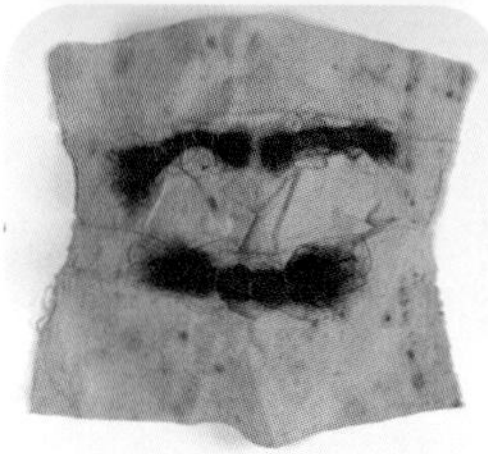

© N.M.I. Collection

●動物の皮や布の仮面
⇦上は豚の皮。映画『エレファントマン』の仮面を思わせます。下は布製で、シュロの繊維らしきもので目と口を表現しています。

●ソウルケーキ
⇧レーズンを入れたバタークッキーに近いお菓子です。

キリスト教（カトリック）は、11月1日をすべての聖人を祝う「オール・ハロウズ（All Hallows）」、万聖節という祝日にしました。

　そのため、10月31日はオール・ハロウズの前夜「オール・ハロウズ・イブ（All Hallows' eve）」となりました。これが省略されて、「ハロウィーン（Halloween）」と呼ばれるようになりました。確かに、英語では「Hallowe'en」と書くこともあり、Hallowとeveがくっついた名残りが分かります。

「しかし、すべての死者たちの霊を供養するケルト文化の慣習を忘れないため、人々が行なったのが、動物の皮や布で仮面を作って仮装をすることだったんです」

　再現されたという仮面を見てみると、とても素朴ですが、かえって不気味な趣《おもむき》があります。

「ハロウィーンの夜、死者たちの代理として、人々はご先祖様や死者たちの霊になりきって家々を回り、供養する心を伝えていったんです」

　死者になりきった人々は、みんなが先祖供養の気持ちを忘れていないか確かめつつ家々を回った、ということですね。

　このとき、各家庭でお供えをしたり、訪ねてくる死者になりきった人に渡したのが、ソウルケーキ（魂のお菓子）というお菓子でした。

「ソウルケーキを用意していないと、ご先祖様や死者たちの霊をおろそかにしたとして、仮装の人々は突如、怖い霊に変わって、その家をこらしめる、と考えられてきたんですね」

⇦ニューヨークでのハロウィーンのパレード（2018年）。『スリラー』のマイケル・ジャクソンに扮していて、ゾンビと踊るコンセプトは、ハロウィーンにぴったり？

Photo by Getty Images

ハロウィーンの伝統は、19世紀前半、アイルランドなどから多くの人々がアメリカに渡ったことで、大きく変化します。

たとえば、ハロウィーンでおなじみのカボチャのランタンはアメリカ生まれ。もともと、アイルランドなどではカブのほうが身近にあったため、カブをくり抜いてランタンを作り、供養の灯《あか》りにしていました。

そして、ご先祖様へのお供えのお菓子がないと、怖い霊がその家をこらしめるという伝統は、「トリック・オア・トリート！（お菓子をくれないといたずらするぞ）」といって家々を訪ねる子どもたちのイベントに変わりました。

さらに、アメリカで仮装もどんどん派手になり、大きく変化したハロウィーンが、現在のスタイルとなって世界に広まっていったのです。

今や日本でも、各地で仮装パレードが行なわれるようになり、さまざまな仮装を見ることができます。もはやなんでもありの状態ですが、本当は、どんな仮装がハロウィーンにふさわしいのでしょうか。

チコちゃん ちょっといい話

カブのランタンのルーツは、ダメな人生を送ったジャックという男。亡くなって、天国にも地獄にも入れてもらえずさまよい、しなびたカブをくり抜いて作ったランタンに入れた火の玉、鬼火だったそうよ。

⇧伝統的グリーティングカード。魔女、黒猫、コウモリといった、おなじみのキャラクターが描かれています。

「供養の夜ですから、人を驚かそうとするキャラクターは、いけないですね。キャラクターのまねも、心が足りない。でも、あの世とこの世をつないで、人をいましめにきてくれる魔女の仮装は、伝統的なものです」

鶴岡教授いわく、ハロウィーンのグリーティングカードなどに登場する存在は、あの世との深いつながりを表している。だから、魔女や猫、お化けやゾンビなどのキャラクターは、ハロウィーンにふさわしい仮装といわれてるのです。

よくハロウィーンに見かける、クモやコウモリのマスクをした映画キャラクターも、広い意味では間違いではないことになりますね。

「もともとハロウィーンの仮装は、ご先祖様や死者たちの霊を表現したものですから、その意味を忘れないで仮装をしてほしいですね」

ちなみに「チコちゃん」に扮するとしたら、教授はどう思われます?

「チコちゃんは私も大好きです。力をみんなに与えてくれますよね。パワフルなチコちゃんから力をもらえる夜と考えると、チコちゃんの仮装は歓迎できるんじゃないかなと思いますよ」

◎ハロウィーンの仮装の起源については、さまざまな理解のされ方があります。

11月

フィギュアスケートって
知ってるわよね？
華やかな衣装を着て
クルクル回るやつ。
じゃあさ、フィギュアスケートの
フィギュアって、どういう意味？

フィギュアスケートのフィギュアってなに？

⇧2018年平昌《ピョンチャン》オリンピックの男子フィギュアスケートで、４回転サルコウを跳んだ羽生結弦選手。この演技で金メダルを獲得しました。

人形みたいに飾るのも、
フィギュアって
いうわよね？

⇨リカちゃんにも、フィギュアスケートの衣装が用意されています。

© TOMY

フィギュアスケートの
フィギュアの意味も知らないで、
やれトリプルルッツだ
やれ４回転サルコウだと言っていますが、
そもそも見ていて違い、分かります？
私は全然分かりません。

⇦ヘンリー・レイバーン『ドゥッディングストン湖でスケートをするロバート・ウォルカー師』(1790年代)。描かれている牧師は少年時代にオランダの凍った運河でスケートを覚えたと考えられており、オランダ式のダッチロールも、この絵のようなポーズだったようです。

スコットランド国立美術館蔵

図形

詳しく教えてくださるのは、日本スケート連盟のフィギュア強化部長も務めた吉岡伸彦教授。

「もともとフィギュアスケートというのは、氷の上に図形を描く競技でした」

英和辞典で「フィギュア」を引いてみると、確かに図形という意味があると書かれてあります。その図形のルーツは17世紀のオランダまでさかのぼると、吉岡教授は言います。

「そもそもスケート競技そのものが、オランダで貴族の人たちが、いわゆるダッチロールといってカーブに乗って優雅に滑るというようなことをしていたのが始まりのようです」

このダッチロール（オランダ式円運動）は、両腕を組んで、氷に円を描くように滑っていたといわれています。

それがイギリスに伝わると、なぜか氷に図形を描くことが重視され、コンパルソリーフィギュア（Compulsory figures＝決められた図形）という競技が誕生しました。これがフィギュアスケートという名前の由来です。日本ではのちに「規定演技」とも呼ばれるようになりました。

Photo by Getty Images

⇦アメリカの名手、ディック・バトン選手によるコンパルソリーフィギュアの演技。

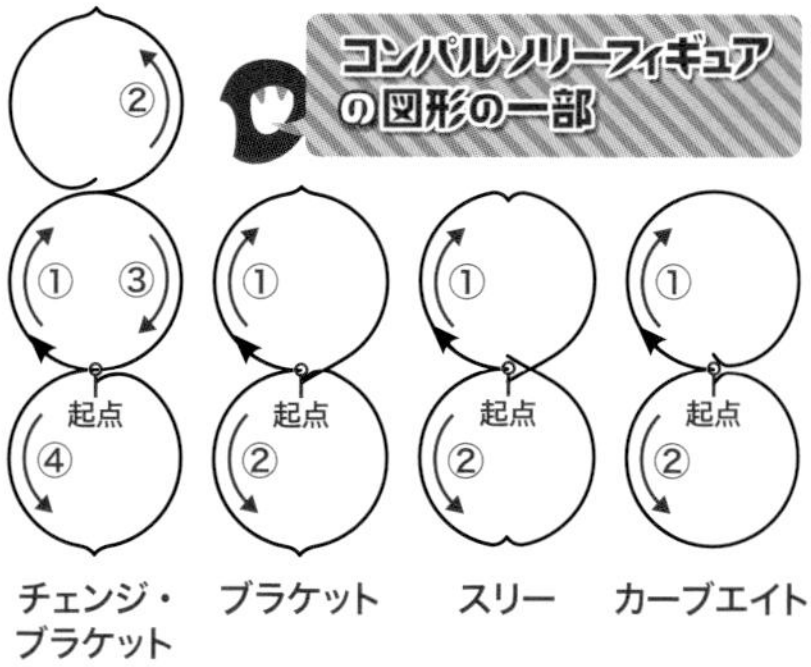

一方、アメリカのバレエ教師ジャクソン・ヘインズは、1864年にヨーロッパ大陸に渡り、音楽に合わせた芸術的なスケーティングを見せて大成功を収めました。

「1892年に国際スケート連盟が成立すると、イギリスは図形を描くことを主張します。フランス・ドイツは氷の上で音楽に合わせてバレエのような芸術的なスケーティングをすることが盛んでしたので、それなら両方いっぺんにやりましょう、ということになったんですね」

その結果、1896年の第1回世界フィギュアスケート選手権では、図形を描くコンパルソリーフィギュアと、音楽に合わせて滑るフリースケーティングの合計点で競われることになったのです。

コンパルソリーフィギュアでは、時間をおいて決められたいくつかの課題を滑ります。後ろ向きにスタートしてターンしながら8の字を左右3回ずつ書くなど、細か～いルールに則《のっと》って課題をこなしていきます。演技が終わると、氷についたスケートの跡を審判がじっくりと見て、図形の正確さを判定します。

「たとえば軸の上でブラケットを描いて、反対側の円に片足でそのまま入っていって、またブラケットを書いて戻ってくる。これをブラケット・チェンジ・ブラケットといいます」

こうした形だけで、合計41種類あり、その中から事前に決められた数の図形を氷に描くコンパルソリーフィギュアは、つい30年ほど前まで行なわれていました。

チコちゃんちょっといい話

航空用語で、飛行機が8の字を描くように左右に蛇行しながら飛ぶ状態のことを「ダッチロール」というわね。これは、フィギュアスケートの前身の、ダッチロールの滑り方に由来するのよ。

⇨1952年オスロオリンピックで金メダルに輝いた、ジャネット・アルウェッグ選手（イギリス）のコンパルソリー演技。審判が足元をじっと見つめています。

⇧19世紀末から20世紀初頭、コンパルソリーより複雑な図形を描く「スペシャルフィギュア」という種目も存在しました。

では、なぜ現在、コンパルソリーは行なわれなくなったのでしょうか。

「地味だから。それだけでしょうね。コンパルソリーだけで1日かかるような競技だったのですが、それってテレビで見てても全然おもしろくないわけですよね」

　確かに現在のフィギュアスケートの見せ場といえば、華麗なジャンプに軽快なステップ。華麗な音楽が流れ、観客の歓声も飛びまくりです。一方、コンパルソリーはというと、やはり地味。審判がじとーっと足元を見つめるなか、ひたすら黙々と正確な図形を足元に描いていくのです。

　フィギュアスケートといえば、華やかな衣装も魅力のひとつ。コンパルソリーでは、衣装というよりただのジャージとか、普段着のセーターとか、あまり飾りけのない練習着で、いわば作業のように図形を描いていきます。激しい動きがないので、防寒のほうが大事、といった印象も受けます。

　感情たかぶる得点発表の瞬間も、フィギュアの醍醐味。コンパルソリーはというと、発表する審判も、どことなくつまらなそうな表情。

「放映権を払ってまで、こんなものを一日じゅう放送できないよ、っていうことですよね」

　こうして1990年、コンパルソリーフィギュアは競技から廃止されてしまいました。しかし、図形を意味するフィギュアの名だけが今も残っているのです。

12月 その①

みんな、クリスマス・イブって
知ってるわよね？
一年でいちばん
ロマンチックな日
なんていう人もいるけど、なんの日なの？
キリストの誕生日の前夜祭？

クリスマス・イブってなに？

クリスマス・イブがなんなのかも知らずに、
やれクリスマス・ソングはマライアだよねだの、
プレゼントはオープンハートのネックレスだの、
楽しかったけどバブルは遠くなりにけり。
赤プリはもうないのよね……。

サンタが
プレゼントを
準備する日？

答え
クリスマス当日の夜

⇧雑誌『子供之友』大正3年（1914）12月号に掲載された、北澤楽天《きたざわらくてん》『サンタクロース』。楽天は日本で最初の職業漫画家とされる人物です。

12月25日がクリスマスだから、クリスマス・イブはその前の日ということなのでは？　詳しく教えてくださるのは、サンタクロースが住んでいる国であるフィンランド大使館で働き、クリスマス文化の研究もしている木村正裕さんです。

「〝イブ〟というのを、前日ととらえているかたが多いと思うんですけど、じつはイブニング（夜）からきているんですね。なのでクリスマス・イブというのは、クリスマス当日の夜を指しているんですよ」

つまり、クリスマス・イブは本当は12月25日の夜のことで、24日の夜というのは誤り？　しかし12月24日がクリスマス・イブというのも間違いではないと、木村さんはいいます。

「これには、昔採用されていたヨーロッパの一日の区切りが関係しているんです。昔のヨーロッパでは、日没から新しい一日が始まると考えら

さすがチコちゃん、
クリスマス・イブの本当の
意味を知っているなんて、
メルヘンチックな
子どもだね。

そうなの♥

クリスマス文化研究家
木村正裕さん

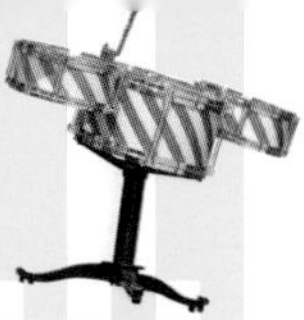

⇦明治33年（1900）に教文館から刊行された進藤信義著『さんたくろう』より。教会の日曜学校に通う子どもたちのために書かれた本で、サンタクロースは「北國の老爺《おやじ》三太九郎」。相棒はトナカイではなくロバで、プレゼントも袋ではなく、籠に入れていたようです。国立国会図書館蔵

今と昔 ヨーロッパの一日の区切り

		午前0時		
今	12月24日		12月25日	
昔	12月24日	クリスマス・イブ	12月25日	12月26日
		日没		日没

れていたため、24日の日没からクリスマスが始まります」

今のクリスマスは12月25日午前0時からですが、本来のクリスマスは24日の日没から25日の日没まで。クリスマス・イブというのはクリスマスのイブニングという意味なので、24日の夜のことを指します。もともとは前夜祭ではないのですね。

「25日の日没以降は、昔であればすでに26日が始まっている時間帯ということになります」

となると、25日の夜にクリスマス・ディナーで乾杯している人たちって、どうなんでしょうか？

「そういうかたがたはパーティー好きなのかもしれませんが、なんとなく、打ち上げっぽいことをやっているのかなぁ、なんて感じます」

世間では、誕生日前日のことをバースデー・イブとか、大晦日《おおみそか》のことをニューイヤーズ・イブとか、前々日のことをイブイブなんていう人もいますが、じつは本来、イブとは夜のことだったんです。

「ちなみにみなさん、クリスマス、クリスマスって騒いでいますけど、クリスマスってどういう日かというのは、分かってますか？」

え、イエス・キリストが生まれた日、誕生日じゃないんですか？

「じつは聖書の中にも、キリストの誕生日ははっきりと書かれていないんです」

キリストは12月25日生まれではない、かもしれないということですか？　では結局、クリスマスってなんの日なんでしょう？

チコちゃんちょっといい話

クリスマス（Christmas）という言葉は、古い英語のCristes（キリストの）とmæsse（ミサ）がくっついたものよ。よく省略形でXmasって書くけど、Xはギリシャ語でキリストを表すΧριστόςの頭文字なの。

「誕生日そのものではなく、正式にいうと、キリストが誕生したことを祝う日、といっていいんじゃないでしょうか」（木村さん）

⇦キリストの誕生を描いた『羊飼いの礼拝』（ヘラルト・ファン・ホントホルスト画）。桶の中でまばゆい光を放つキリストを、聖母マリアと夫のヨセフが見つめています。

キリストの誕生日は聖書の中に書かれておらず、おもな候補日だけで12日以上もありました。その中でも、なぜ12月25日がキリストの誕生日と考えられているのでしょう？

「会議で決められたからです」

キリストが亡くなったあとの西暦325年、ニカイアという町（今のトルコのイズニク）でキリスト教の偉いかたがたが集まって会議をしました。この、通称ニカイア公会議で決まったという説もあります。

キリストの正式な誕生日が定まっていないのはおかしくないか、という議題が出て、有力な候補日として1月6日、3月28日、12月25日まで絞られ、最終的に、冬至（12月22日頃）に近い12月25日をキリストの誕生を祝う日に決めたというのです。

それにしても、どうして冬至に近い日が選ばれたのでしょうか。

「冬至は一年でいちばん昼間が短い日で、この日から徐々に日が長くなっていきます。そのため、人類に光をもたらしたキリストの誕生にふさわしい日だろうということで、12月25日がクリスマスとなったのではないでしょうか」

もしほかの日がクリスマスに決まっていたら……。たとえば3月28日生まれのレディー・ガガさんなどは、プレゼントがもらえる日が、1日減っていたかもしれませんねぇ。

◎12月25日をクリスマスに決めた理由については、さまざまな説があります。

さらにクリスマスのギモン

クリスマスプレゼントを靴下に入れるのはなぜ？

⇧『三人の娘が居る貧しい家に金を投げ入れるニコラウス』（ジェンティーレ・ダ・ファブリアーノ画）。

解説

専修大学　英語英米文学科
道《どう》家《け》英《ひで》穂《お》教授

「それは、金貨が部屋の中に干してあった靴下に入ったからなんです」

サンタクロースの歴史について詳しい道家《どうけ》教授によると、モデルになったのは、聖ニコラウスという人物。4世紀頃、小アジアのミュラという古代都市（現在のトルコのデムレ）でキリスト教の司教をしていたニコラウスは、人々に惜しみない愛情を注ぐ優しい人でした。

彼の家の近くに、貧しい家族が住んでいました。父親は3人の娘たちに、嫁入り道具を用意してあげることもできず、あまりの貧しさに娘を売りに出そうと考えていたのです。

これを知ったニコラウスは心を痛め、娘たちが幸せになるお手伝いをすることにしました。真夜中に窓からこっそり金貨を投げ入れたのです。すると金貨は、暖炉の前で乾かしていた靴下の中に、すぽっと入ったのでした。

翌朝、靴下の中から金貨を見つけた家族は大喜び。おかげで長女は無事、嫁入りすることができたのです。ニコラウスは、二女や三女のときにも、同じように金貨を投げ入れ、3人娘はみんなお嫁にいくことができ、家族は救われたのでした。ちなみに、ニコラウスが3回目に金貨を投げ入れている様子は、ばっちり父親に目撃されたそうで、ニコラウスの善行であることが分かったのだとか。

この伝説をもとに、プレゼントを靴下に入れるという文化が定着していったそうです。

 ◎ニコラウスは煙突から家に入り、貯金箱代わりの靴下に金貨を入れたという説もあります。

季節のギモン 冬

なぜ年末に第九を演奏するようになった？

写真提供／鳴門市ドイツ館

年末になるとよく演奏される曲っていったら、ベートーヴェンの『第九』よね。いろんなところで聞くけど、なんで？〝歓喜の歌〟で一年を喜びで締めよう、ってこと？

⇧日本で最初に『第九』が演奏されたのは1918年。徳島県鳴門市の板東《ばんどう》俘虜《ふりょ》収容所で、ドイツ兵捕虜によるものでした。

解説 日本クラシックソムリエ協会 代表理事 田中 泰さん

答え：楽団員の年越し費用を稼ぐため

『第九』こと『交響曲第9番』は、田中さんによると12月に日本各地で１００回以上演奏されるのだとか。

「12月に『第九』がたくさん演奏されるのは日本だけ。そのきっかけは、ＮＨＫ交響楽団といわれています」

ＮＨＫ交響楽団が初めて『第九』を演奏したのは１９２７年（当時は新交響楽団）５月。１９４０年12月31日にはラジオ放送され、日本の年末の『第九』のきっかけになったようです。１９４５年からは毎年末にＮＨＫのラジオとテレビで放送され、『第九』と平和は抜きがたいイメージで結ばれるようになったのではないでしょうか。

終戦直後、人々の生活が苦しかった頃のこと。『第九』であれば確実に収益が見込まれると考えたほかの交響楽団なども演奏するようになりました。楽団によっては、『第九』演奏によって楽団員の年越し費用を稼ぐことができたのかもしれません。

「『第九』には合唱団が入ります。合唱団の家族や友人も聴きに来てくれれば、会場もかなり埋まります」

やがて年末の『第九』は日本中に広まり、合唱団に参加する人も増えました。時代を超えて愛され続ける『第九』は、経済的にも成立する稀《け》有《う》な楽曲だったのです。

ⓒNHK Symphony Orchestra,Tokyo

⇧2019年12月、NHK交響楽団による演奏（シモーネ・ヤング指揮）。4楽章からなる『第九』の中でも、よく耳にする合唱部分は「歓喜の歌」とも呼ばれます。

◎年末に『第九』が演奏されるのは、太平洋戦争に出兵した学生への追悼として始まった、など諸説があります。

12月
その❷

12月のことを師走《しわす》っていうわよね。
師走でも、いよいよ年末も押し迫った
時期のことを年の瀬っていうじゃない？
なんで？　年の瀬戸際だから？

なんで年末のことを年の瀬という？

⇧東京・上野のアメヤ横丁（アメ横）は、年の瀬になると大勢の買い物客でにぎわいます。

なぜ年末を年の瀬というのかも知らずに、
やれ今年の汚れは今年のうちにだの、
え、うちは今年もハワイですけど
と口から出まかせを言ってしまい、
お正月に家から出られない人がいるとか、
いないとか。

借金清算の攻防のときだから

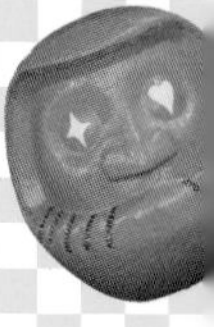

一年もいよいよ終わりに近づくと、大掃除をしたり、新年に向けて準備をしたりと、みなさん、年末は大忙しですよね。
　その年末のことを年の瀬といったりしますが、年の瀬っていったいなんでしょうか。瀬とは？　この疑問を、江戸時代について研究している眞下祥幸《ましもよしゆき》さんにぶつけてみました。

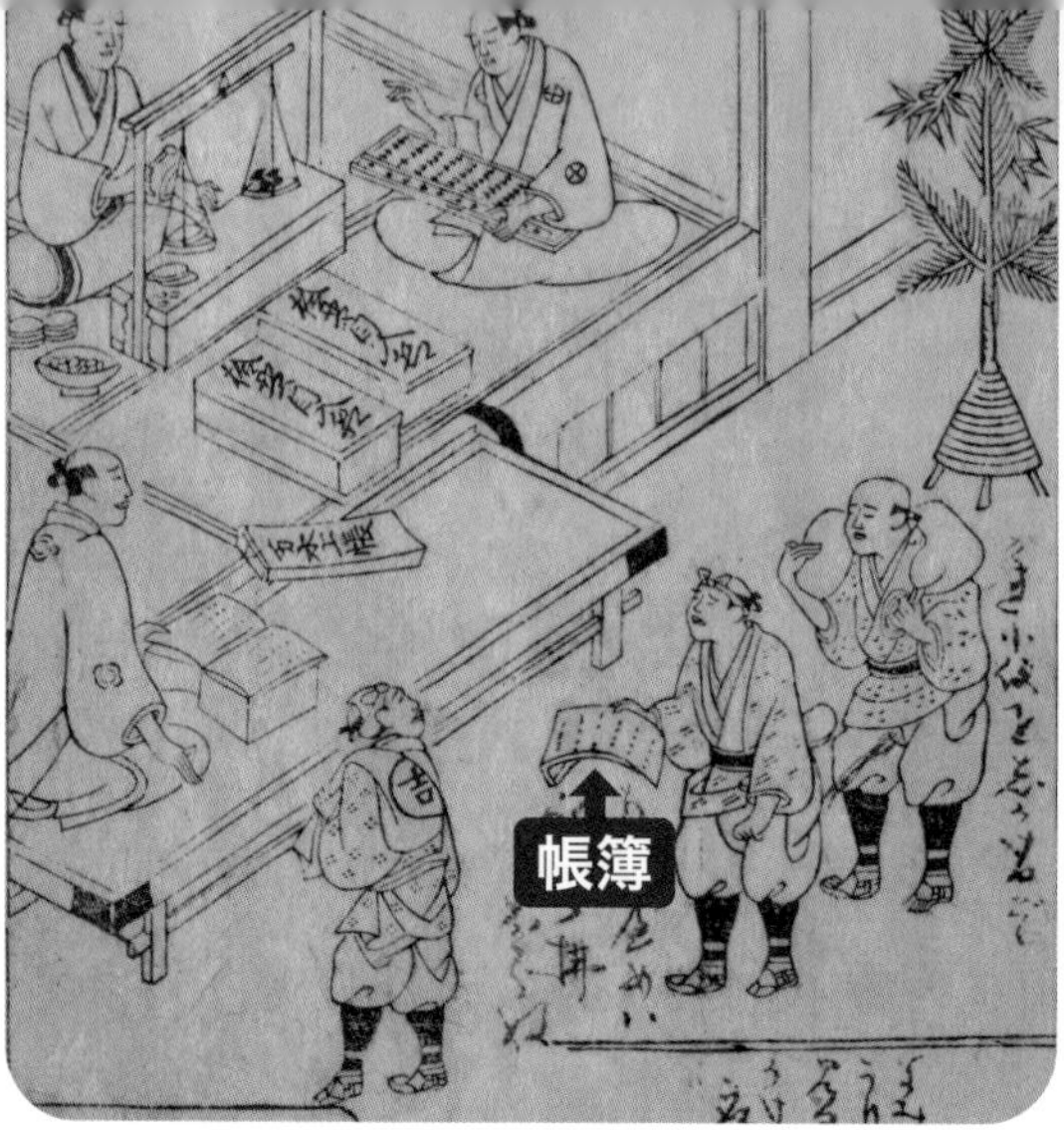

⇧井原西鶴『世間胸算用《せけんむなざんよう》　大晦日《おおみそか》ハ《は》一日千金《いちにちせんきん》』より。大晦日を背景に町人たちの悲喜劇を収めた『世間胸算用』の絵入り本で、帳簿を持つ商人も描かれています。国立国会図書館蔵

「〈年の瀬〉という言葉は、すでに江戸時代中期の元禄年間（１６８８〜１７０４）ぐらいには使われていたという記録が残っています」

　瀬とは、川の瀬のこと。川の流れが速く急で、渡ることが難しいところを川の瀬といいます。転じて、一年で最も越えることが難しい時期という意味で、江戸時代に、年末のことを年の瀬というようになったそうです。

江戸東京博物館　学芸員
眞下祥幸《ましもよしゆき》さん

⇧商人側は、購入者と代金を帳簿に記録しておきます。表紙に「大福帳」と書かれた帳簿が、縁起をかつぐ江戸っ子の間で大ヒットしました。

「掛け売り」の仕組み

客は商品の代金を、お盆や大晦日などに利子をつけて支払うのが一般的でした。大晦日を越しても借金がなくなるわけではなく、たとえば次のお盆まで取り立てがこないというシステムです。商人側からしたら、次の集金日まで半年お金が入らないのですから、たまったものではありません。

しかし、当時の人々にとって、なぜ年末は越えることが難しい時期だったのでしょうか。

「一年の最後の日、大晦日《おおみそか》が、1年間の借金の総決算の日だったからだと思われます」

江戸時代、町人や武士たちはツケで買い物をしていました。ツケとは商品を買うときはお金を払わず、お盆や大晦日などの大きな節目にまとめて支払うことでした。

とくに大晦日は、一年の締めくくり。この日までに溜まっているツケを支払わなければならないのですが、中には、支払うお金が足りないという人も。そこへ取り立てる者がやってきます。そう、大晦日は、借金清算をめぐる攻防が繰り広げられていたのです。

この返す返さないの攻防、どんな様子だったのでしょうか。

大晦日というと、今の私たちにとっては、一年を振り返ってしみじみしたり、あくる日から始まる新しい年に向けてワクワクしたりする日ですよね。でも、江戸時代にはだいぶ空気が違っていたらしいのです。

前述のとおり、大晦日には借金の取り立てがやってくる日だったのですが、じつはツケのあるほう、取り立てるほう、双方の間には暗黙の了解があったのです。それは、大晦日を過ぎれば、借金取りは取り立てにこない、というもの。

つまり、大晦日一日を逃げ切ることができれば、もうお金の心配をしなくてもすむというわけ。なんという都合のいい話！　もちろん、返さなくていいわけではありませんが…。

チコちゃんちょっといい話

今では大晦日は12月31日の23時59分までで、0時になったら元旦よね。でも江戸時代の大晦日のデッドラインは、明け六つ（朝、薄明るくなり始めたとき）。それまでは、取立人は提灯《ちょうちん》片手にツケのある家々を回って借金回収に奔走したそうよ。

ともあれ、そうなるとみなさん、この一日、とにかくがんばるわけです。逃げ切るために。たとえば、仮病をつかったり、厠《かわや》（トイレ）にずっと隠れていたり。落語の『掛け取り』では、あの手この手で借金取りを追い返す様子がおもしろおかしく語られています。

国立国会図書館蔵

⇧『世間胸算用　大晦日八一日千金』より、材木屋の丁稚《でっち》(右)が、借金のかたに門口の柱を大槌で叩いて外そうとしているところ。片肌を脱いだこの家の主人(中央)が出てきますが、どうにもならずに代金を払わされてしまいます。

出刃包丁を持ち出して、「俺のまわりに近づく奴は、たたき切るから覚悟しろ！」なんて輩《やから》までいたというから、取立人も大変です。

でも、どんな世界にも上手というものはいて、やり手の取立人ともなると、「家ごと取っていきますからね」といって、材木屋の衆を連れてきて、太い丸太を家の柱などに打ち付けて壊しにかかる。観念した家主は、借金を返すはめになりました。

こんな話が、当時、本当にあったというから驚きです。

今も昔も変わらない、お金、借金の悩み。当時みたいに、1日の差で逃げることができたらいいなぁ、なんて思っているそこのあなた。眞下さんからご忠告です。

「私は、借金はやっぱりちゃんと清算したほうがいいと思いますよ。逃げるのはやめましょうね」

ごもっともです。ご利用は、計画的に……。

⇧江戸の正月を詠んだ『どうれ百人一首』より、「嘉例《かれい》にて　くふ蕎麦《そば》きりも勘定も　のびてうれしき大晦日かな」。嘉例とは、おめでたい風習のこと。借金取りから逃れられ、年越し蕎麦もうまいことでしょう。

⇧越後屋呉服店を描いた歌川豊春《うたがわとよはる》『浮絵《うきえ》駿河町《するがちょう》呉服屋図《ごふくやず》』。正面両側の柱には、「現金かけねなし」といううたい文句が表示されています。三重県総合博物館蔵

⇧歌川広重《うたがわひろしげ》『東都名所駿河町之図』。道の両側とも三井越後屋で、現在は左側が日本橋三越本店、右側が三井住友銀行です。国立国会図書館蔵

チコっと プラス

現金商売で大成功！

江戸時代でも、ツケで商売しなかった商人がいたのよ。アイデア商法で大繁盛したみたい。

江戸時代に一般的だった掛け売り。商品に掛値《かけね》（利子）をつけて販売する売り方ですが、店側もすぐにお金が入るわけではなく、相手が確実に返すとも限らないため、どうしても掛値は高めの設定になっていました。

この商法の真逆をいったのが、三越百貨店や三井銀行などの前身となった三井越後屋でした。

延宝元年（1673）に伊勢松坂（三重県）から江戸にやってきて呉服屋・越後屋を開いた三井高利《たかとし》は、「現金掛値なし」という新商法で呉服を販売。それまでの一般的な呉服屋は、お得意先の家に出向いて呉服を見せて買ってもらったり、サンプルを見せて注文をとったりして商売をしていましたが、越後屋は店頭で現金払いの取引もしました。

現金がその場で手に入るので、資金繰りは早いし、掛値もないので商品価格も低く設定できたのです。

また、当時は反物単位で呉服を買うのが普通でしたが、越後屋では切り売りをしました。商品の品質は同じだけど、安く買える上、必要な分だけ求められるということで、越後屋は大成功を収めたのです。

協力者一覧（ ）内はページ数を表す。
● 1 月(7 -14)[写真]PIXTA
● 2 月(15-20)[写真]EcoPrint/shutterstock、Eric Isselee/shutterstock、Sergey Zakov/shutterstock、PIXTA
● 3 月その①(21-27) [写真]桂甫作安藤人形店、Kodansha/アフロ、PIXTA
●季節のギモン春(28)[写真]写真AC
● 3 月その②(29-36)[写真]岡山観光WEB、写真AC、PIXTA、photolibrary
● 4 月(37-42)[写真]Cynet Photo、PPS通信社
● 5 月(43-47)[写真]PIXTA、平松温子
●季節のギモン夏(48)[写真]写真AC ［図版]高橋正輝
● 6 月(49-52)[写真]写真AC、PIXTA
● 7 月(53-56)[写真]PIXTA、photolibrary
● 8 月(57-62)[写真]写真AC、PIXTA、photolibrary
● 9 月(63-68)[写真]Cynet Photo、PIXTA、平松温子
●10月その①(69-73)[写真]高沢礼男/アフロ、PIXTA、
●季節のギモン秋(74)[写真]photolibrary
●10月その②(75-80)[写真]Alamy/アフロ、Cardamon Days Food、Cynet Photo、PIXTA
●11月(81-84)[写真] TopFoto/アフロ、長田洋平/アフロスポーツ
●12月その①(85-89)[写真]写真AC、PIXTA
●12月その②(91-95)[写真]PIXTA、photolibrary ［図版]高橋正輝
◎参考文献:『小学館こども大百科』『こども大百科 もっと大図解』『21世紀こども百科　もののはじまり館』(すべて小学館)
JASRAC出 2004991-001

◆キャラクターデザイン:オオシカケンイチ
◆制作協力:水高 満(NHK)、西ヶ谷 力哉(NHKエンタープライズ)、小松純也(共同テレビ)、中島由布子(共同テレビ)
◆編集協力:兵藤 香(NHKエンタープライズ)
◆装幀・本文デザイン:津村陽子
◆スタジオ撮影:横田紋子(小学館)
◆構成:平松温子、秋窪俊郎(小学館)

チコちゃんに叱《しか》られる 3

Don't sleep through life!

素朴なギモン12か月

NHK「チコちゃんに叱られる!」制作班[編]

2020年8月3日　初版第1刷発行

発行人　野村敦司
発行所　株式会社 小学館
〒101-8001
東京都千代田区一ツ橋2-3-1
電話　編集:03(3230)5414
　　　販売:03(5281)3555

制作／山﨑万葉
資材／斉藤陽子
宣伝／綾部千恵
販売／斎藤穂乃香
編集／秋窪俊郎

印刷所　凸版印刷株式会社
製本所　株式会社 若林製本工場

ISBN 978-4-09-388782-3